Elogios para *La economía g*

«La forma en que funciona el trabajo ha cambiado. El trabajo ya no es a donde va usted, sino lo que usted hace. Ya sea que estemos ingresando a la fuerza laboral o que seamos profesionales experimentados, este cambio fundamental requiere una transformación en nuestra forma de pensar. *La economía gig* proporciona un plan para pensar, planear y triunfar como alguien independiente en este nuevo mundo de trabajo. Contiene información valiosa y ejercicios para aquellos que quieren entender mejor la manera en que las nuevas formas de trabajo tienen un impacto sobre ellos. Combinando la autorreflexión, las ideas prácticas de planeación financiera y las medidas inmediatas que se pueden tomar hoy en día, Diane Mulcahy inspira y guía a los lectores que navegan las nuevas realidades de la fuerza laboral. Este libro debería estar en la estantería de cada persona en edad de trabajar; consultado, marcado y referenciado una y otra vez a lo largo de nuestras nuevas carreras independientes».

—**Billy Cripe, director de mercadeo de Field Nation**

«Diane Mulcahy cubre hábilmente los promotores fundamentales de la economía gig, así como la mentalidad y los comportamientos que necesitará para tener éxito en este valiente mundo nuevo de las carreras con una filosofía de "hágalo usted mismo". Sus investigaciones profundizan nuestros arraigados hábitos en lo que nos ha mantenido pegados a las trampas de los empleos a tiempo completo, y su ingenio nos libera con estrategias para reunir en cambio un portafolio significativo de trabajos independientes, así como un estilo de vida que es tan desconcertante como emocionante. Lea *La economía gig* para aprender cómo hacer que el trabajo funcione para usted».

—**Danielle Duplin, cofundadora de TEDxBoston**

«La forma en que trabajamos está cambiando, y eso permite que todo tipo de personas se enfoque realmente en forjarse una vida, y no simplemente en sobrevivir. *La economía gig* es una guía práctica para entender estos cambios y navegar con sus mayores metas en mente».

—**Dave McLaughlin, administrador general de WeWork en el este de Estados Unidos y Canadá**

LA ECONOMÍA

DIANE MULCAHY

LA ECONOMÍA

Gig

LA GUÍA COMPLETA PARA OBTENER

UN *mejor trabajo*, TENER *más tiempo libre* Y ¡FINANCIAR *la vida que usted quiere!*

HarperCollins *Español*

Editora en Jefe: *Graciela Lelli*
Traducción: *Santiago Ochoa Cadavid*
Adaptación del diseño al español: *Grupo Nivel Uno, Inc.*

ISBN: 978-1-41859-773-3

Impreso en Estados Unidos de América
18 19 20 21 LSCC 9 8 7 6 5 4 3 2 1

DESCARGO DE RESPONSABILIDADES

Esta publicación no ofrece ningún tipo de asesoramiento financiero, legal o fiscal, y AMACOM, Diane Mulcahy, y ninguno de sus representantes pueden garantizar que la información sea exacta, completa o actualizada. Aunque hicimos todo lo posible para incluir información actualizada, AMACOM, Diane Mulcahy y cualquiera de sus representantes no hacen afirmaciones, promesas, o garantías sobre la exactitud, integridad o idoneidad de la información aquí contenida. Ninguna parte de esta publicación debería ser utilizada como un sustituto para el asesoramiento de terceros. AMACOM, Diane Mulcahy y sus representantes no asumen ninguna responsabilidad ante ninguna persona que confíe en la información contenida en el presente documento y declinan toda responsabilidad en relación con dicha información. Usted no debería actuar basado en la información contenida en esta publicación sin antes buscar asesoramiento profesional.

La autora ha hecho todos los esfuerzos posibles para garantizar que la exactitud de la información contenida en este libro fuera correcta en el momento de la publicación. La autora no asume y por la presente renuncia a cualquier responsabilidad ante cualquier parte por cualquier pérdida, daño o interrupción causada por errores u omisiones, ya sea que se trate de errores u omisiones resultantes de un accidente, negligencia o de cualquier otra causa.

Algunos nombres y detalles identificativos se han cambiado para proteger la privacidad de las personas.

A Kevin
por transitar conmigo
el camino menos transitado

CONTENIDO

INTRODUCCIÓN

Tome este trabajo y mándelo lejos.

—JOHNNY PAYCHECK

Hace cinco años, creé y comencé a impartir un curso de maestría sobre la economía gig, la cual era aún una tendencia emergente. El curso comenzó a ganar terreno de inmediato y fue nombrado por *Forbes* como uno de los «Diez cursos más innovadores de las escuelas de negocios» del país. Actualmente, la economía gig es un tema común en los medios de comunicación y se ha convertido en una parte de los debates de los ciclos electorales, pero pocas personas entienden realmente cómo moverse en ella para forjarse una vida laboral próspera, satisfactoria y exitosa. Este libro, igual que mi clase, llena ese vacío en la información.

Si pensamos en el mundo laboral actual como un espectro, apoyado en el trabajo corporativo tradicional y la escalera profesional por un extremo, y en el desempleo por el otro, entonces el amplio rango y la variedad de trabajo alternativo que se encuentra en el medio es la economía gig. La economía gig incluye acuerdos como consultor y contratista, trabajos a tiempo parcial, asignaciones temporales, trabajos independientes, el autoempleo, los encargos adicionales, y el trabajo según la demanda a través de plataformas como Upwork y TaskRabbit.

Muchos de los temas de este libro se basan en lo que enseño, y muchos de los ejercicios están fundados en tareas que han ayudado a los estudiantes a triunfar en la economía gig, y los han llevado a abrir nuevos negocios, planear tiempo libre, reestructurar sus finanzas y comenzar a crear vidas más atractivas, satisfactorias y mejor alineadas con sus prioridades.

La economía gig aún está en las primeras etapas de alterar la manera en que trabajamos. Hace apenas una generación, la mayoría de los trabajadores podían esperar ser contratados a tiempo completo en empleos seguros que abarcaran toda la jornada laboral, y trabajar únicamente para una o dos empresas en el transcurso de sus carreras. La generación que se está retirando actualmente se forjó una vida afianzada en las expectativas de un ingreso estable y creciente, de un paquete constante de beneficios corporativos, y de una jubilación financiada por las empresas al final del trabajo. Ese ascenso predefinido de la escalera corporativa está mucho menos disponible para los trabajadores de hoy. Así de rápida ha sido la transformación. En solo una generación, el tren corporativo lleno de empleos abundantes, progresivos, seguros, repletos de beneficios y a tiempo completo ha dejado atrás la estación.

Los estudiantes de la maestría en administración de negocios (MBA) a quienes enseño hoy se enfrentan a un mundo laboral muy diferente cuando se gradúan. Ellos no esperan seguridad en un trabajo. Más bien, planean hacer varios trabajos durante el curso de sus carreras, muy probablemente por una duración promedio de solo tres a cinco años cada uno.[1] Sus vidas laborales estarán compuestas por una variedad de empleos diversos y experiencias profesionales.

Ellos no dan por sentado un ingreso constante y creciente. Los salarios se están estancando, y aunque trabajar de manera independiente puede generar ingresos más altos, también puede resultar en una compensación más baja.[2] Todas las personas quieren que les paguen bien, pero factores como la flexibilidad, la autonomía, y la alineación con la misión y el significado del trabajo son importantes para los trabajadores de hoy, y muchos están dispuestos a cambiar una cierta cantidad de remuneración económica por empleos que ofrezcan esos beneficios.

También están entrando en un mundo en el que los trabajadores se sienten cada vez más insatisfechos con la estructura rígida del modelo tradicional del empleado en un trabajo. Una encuesta de Gallup de 2014 encontró que menos de un tercio de los empleados se siente comprometido y apasionado con respecto a su trabajo.[3] En realidad, durante la última década, la mayoría de los estadounidenses no se han sentido satisfechos con sus empleos.[4] Las encuestas a los trabajadores independientes, en cambio, indican que están más satisfechos con su trabajo y más comprometidos.[5] Ellos valoran la autonomía, la flexibilidad y el mayor control que tienen al *no* ser empleados a tiempo completo, y en muchos casos ganan más.[6] La economía gig es una nueva forma de trabajo que parece estar funcionando.

Estos cambios tienen implicaciones enormes sobre la forma en que pensamos manejar nuestras carreras y estructurar nuestras vidas. La trayectoria tradicional de la vida estadounidense —graduarse de la universidad, conseguir un trabajo, casarse, comprar una casa, tener hijos, enviarlos a la universidad, jubilarse— todavía está disponible, pero es más difícil de lograr sin la base sólida de un trabajo estable y de un ingreso constante y creciente que lo respalde. La economía gig ofrece más posibilidades de planificar nuestro propio viaje y crear nuestro propio camino. A medida que continúa creciendo, podemos esperar que la economía gig cambie no solo la forma en que trabajamos, sino también la forma en que vivimos.

Cómo tener éxito en la economía gig

La intención de este libro no es simplemente educarlo sobre la economía gig, sino guiarlo a través de la misma y ofrecerle un conjunto de herramientas para que tenga éxito en ella. Todos los capítulos contienen ejercicios prácticos para ayudarle a aplicar los conceptos a su propia vida. Los capítulos están estructurados como módulos independientes, a fin de que usted pueda leer y concentrarse en las áreas que más le interesan o le importan.

La pregunta que responde este libro es: ¿cómo puedo navegar en la economía gig *de forma exitosa*? Las respuestas se desglosan en diez reglas para tener éxito en la economía gig.

DIEZ REGLAS PARA TENER ÉXITO EN LA ECONOMÍA GIG

1. **Defina su éxito.**
   Descubra su visión personal del éxito, la cual podría parecer muy diferente del sueño americano tradicional.

2. **Diversifique.**
   Aprenda a identificar y encontrar trabajos independientes para aumentar sus oportunidades, mejorar sus habilidades y ampliar su red.

3. **Cree su propia seguridad.**
   No hay seguridad laboral. Entienda cómo crear ingresos seguros, una estrategia de salida y su propia red de seguridad.

4. **Conéctese sin una red de contactos.**
   Decida si la conexión de entrada o de salida funciona mejor para usted, y descubra cómo hacer preguntas y ofertas maravillosas.

5. **Enfrente el miedo reduciendo el riesgo.**
   Aborde los grandes miedos que lo están reteniendo, divídalos en riesgos manejables y desarrolle un plan de acción para superarlos.

6. **Obtenga tiempo libre entre trabajos independientes.**
   Podemos esperar obtener mucho más tiempo libre en la economía gig. Aquí le indicamos cómo planear para lograrlo y hacer que sea significativo.

7. **Sea consciente del tiempo.**
Reprograme su calendario para dedicarle tiempo a lo que le importa. Considere la posibilidad de si el horario del creador o del gerente funciona mejor para usted.

8. **Sea flexible en términos financieros.**
Olvídese del enfoque de ahorrar el dinero que gasta en café al administrar su dinero. Reestructure su vida financiera y aumente su flexibilidad y seguridad financiera.

9. **Piense en el acceso, no en la propiedad.**
Poseer cosas es muy propio de los *baby boomers*, la generación nacida durante la explosión de la natalidad. Acceda a las cosas que desea con menos deudas y más flexibilidad. Examine los mitos de tener vivienda propia.

10. **Ahorre para una jubilación tradicional... pero no piense en tener una.**
Responda a la pregunta: ¿cuándo puedo dejar de trabajar?

Cada capítulo se dedica a abordar una de las diez reglas: por qué existe y cómo se aplica mejor. El libro termina con un capítulo sobre la futura economía gig y qué aspecto podría tener este nuevo mundo laboral para la próxima generación.

¿Qué está impulsando el crecimiento de la economía gig?

Hay dos tendencias simultáneas y constantes que impulsan el crecimiento de la economía gig: los empleos a tiempo completo están desapareciendo, y los empleados a tiempo completo se han convertido en los trabajadores de última opción para muchas empresas.

Los trabajos a tiempo completo están desapareciendo
El sector privado solía crear y agregar puestos de trabajo a la economía a una tasa del 2% al 3% anual. En el año 2000, durante la

crisis de los mercados tecnológicos, esa tasa cayó por debajo del 2%. En 2008, la tasa de creación de empleos cayó aún más, por debajo del 1%, y se ha mantenido en ese nivel históricamente bajo a lo largo del año 2015.[7]

Una de las razones para este descenso en la creación de empleos es que el motor del crecimiento laboral se ha atorado y estancado. Son las empresas jóvenes —y no las empresas pequeñas, como se cree ampliamente— las que crean la mayoría de los nuevos empleos.[8] La edad de las empresas es lo que importa; sin embargo, el crecimiento de las nuevas empresas jóvenes se ha reducido a la mitad, pasando del 16% de todos las compañías en la década de 1970 a solo el 8% en el año 2011.[9]

Peor aún, las empresas que comienzan están creando menos trabajos. Las compañías jóvenes solían crear cerca de tres millones de empleos al año, pero ese número ha caído a poco más de dos millones. La Fundación Ewing Marion Kauffman (donde soy una investigadora principal) se refiere a este fenómeno como la «fuga a largo plazo en la creación de empleos», en la cual «las empresas han estado comenzando en un número menor, con menos empleados, creciendo con mayor lentitud y, por lo tanto, generando menos empleos para el mercado laboral de Estados Unidos».[10]

Adicionalmente, las compañías están eliminando sus empleos a tiempo completo mediante despidos, reducciones y reorganizaciones. También están tomando los anteriores puestos de trabajo a tiempo completo y dividiéndolos en proyectos más pequeños o en tareas que van a automatizar, externalizar o subcontratar. Esto es más barato, más flexible y más eficiente hacerlo así. Por ejemplo, los periódicos tienen mucho menos empleos a tiempo completo, pero muchos más trabajos de escritura independiente disponibles. En la economía gig, donde antes había *empleos*, cada vez simplemente hay más *trabajo*.

El empleado a tiempo completo es el trabajador de último recurso

Los empleados a tiempo completo son la fuente de trabajo más costosa y menos flexible para las empresas. El mercado laboral estadounidense está estructurado para que las empresas paguen los impuestos más altos y ofrezcan los mayores beneficios y protecciones para los empleados a tiempo completo, lo que significa que contratar a un empleado puede costar del 30% al 40% más que los trabajadores independientes equivalentes.[11] El Departamento del Trabajo no ha hecho ningún esfuerzo serio para alterar esta dinámica. En cambio, ha elegido preservar el *statu quo* aumentando los recursos para identificar a las empresas que clasifican erróneamente a los trabajadores como contratistas en lugar de empleados, una tarea digna de Sísifo teniendo en cuenta las definiciones poco claras, imprecisas y variables de lo que es el empleado y el contratista que tiene el gobierno.[12]

Como es de esperarse, la tendencia de contratar contratistas independientes en lugar de empleados se ha convertido en una práctica persistente y generalizada, y está en aumento. Las empresas incurren en costos de mano de obra más bajos, tienen más flexibilidad y pueden lograr una mayor eficiencia al adquirir la mano de obra que necesitan por proyecto, por encargo y por hora. Por ejemplo, un empleador puede suplir lo que antes era un trabajo como gerente de mercadeo a tiempo completo con una persona de relaciones públicas a tiempo parcial, un contratista de medios de comunicación y un redactor creativo subcontratado. El empleador puede asignar y pagar por el trabajo solo cuando sea necesario.

Dicho esto, es buen aclarar que la demanda de empleados a tiempo completo no ha desaparecido ni desaparecerá totalmente. Siempre habrá un núcleo de trabajadores esenciales, un talento muy demandado y altos directivos que las empresas querrán contratar como empleados a tiempo completo por varias razones: para asegurar talentos y habilidades específicas, ocupar cargos de alto impacto y enfocados en las relaciones, o garantizar calidad o coherencia en áreas clave de sus negocios. Más allá de ese núcleo, siempre y cuando nuestras políticas laborales perpetúen diferencias económicas significativas entre contratistas y empleados, la demanda de trabajadores independientes seguirá creciendo.

¿Qué significa la economía gig para los empleados?

El impacto de la economía gig en los trabajadores depende del tipo de trabajador que usted sea. La economía gig es una economía de habilidades, y los trabajadores calificados son los ganadores que lo toman todo. Sus talentos tienen demanda, así que pueden exigir salarios altos y tener mayores oportunidades de estructurar y diseñar sus propias vidas laborales y crear sus propios futuros. Pueden aprovechar la oportunidad para crear una vida laboral que incorpore flexibilidad, autonomía y significado. Los trabajadores cualificados tienen la oportunidad de pasar de un buen trabajo a un gran trabajo.

Los gerentes de nivel medio y los asalariados corporativos que trabajan arduamente no parecen estar ganando. Sus habilidades son menos demandadas y más propensas a ser automatizadas, contratadas o subcontratadas. Tal vez se están sujetando a los últimos peldaños de la escalera que estaban subiendo, o aferrándose ansiosamente al trabajo corporativo a tiempo completo que han logrado mantener hasta el momento. Sus ingresos se están estancando, sus beneficios están disminuyendo, y ellos están aceptando con mucha lentitud la realidad de que ya no tienen una seguridad laboral. Estos trabajadores se encuentran sobreviviendo en sus empleos a tiempo completo, pero tienen dificultades cuando los pierden.

El destino de los trabajadores minoristas y de servicios, y de otros que desempeñan trabajos poco calificados, cambia marginalmente en la economía gig, pero ellos siguen llevando la peor parte. Estos trabajadores ya tienen empleos mayoritariamente mal pagados e inseguros, a tiempo parcial, con beneficios limitados, y sin ningún control sobre sus horarios. Sus salarios se están estancando o reduciéndose, y sus empleos son los que tienen más riesgo de ser automatizados. Zeynep Ton, profesor adjunto en la Escuela de Administración Sloan del MIT, se refiere a estos como «empleos malos».[13] Estos empleos malos no desaparecerán en la economía gig; son la pesadilla persistente de nuestra economía y nuestra sociedad.

La economía gig no es un remedio infalible. No eliminará los malos empleos y los trabajadores mal pagados, pero lo que sí puede hacer es ofrecer un cambio positivo para estos trabajadores poco calificados. En la economía gig, dichos trabajadores tienen la oportunidad de adquirir más control y tener más flexibilidad y autonomía en su vida laboral. Los conductores de Uber trabajan en condiciones similares a las que tienen la mayoría de los taxistas: son contratistas sin beneficios, sin horas extras o salario mínimo, y no tienen acceso a un seguro de desempleo. Sin embargo, hay muchas más personas dispuestas a ser conductores de Uber que de taxi, en parte porque pueden controlar cuándo y cuánto trabajan. Del mismo modo, la difícil situación económica de un trabajador de una empresa como TaskRabbit o Postmates no es materialmente diferente a la de un trabajador por hora con un salario bajo en un restaurante de comida rápida o una tienda al por menor. Ambos tienen salarios bajos y ningún beneficio, pero los trabajadores que no sueñan con solicitar un empleo en un restaurante de comida rápida están dispuestos a trabajar en plataformas como TaskRabbit o Postmates en parte porque pueden hacerlo cuando lo deseen y en la medida que quieran. La economía gig les da a los trabajadores poco calificados la oportunidad de pasar de trabajos malos a un trabajo mejor. No es un gran cambio, pero es un cambio en la dirección correcta.

¿La economía gig es realmente nueva?

Si retrocedemos y consideramos la economía gig y su lugar en la historia del trabajo, nos damos cuenta de que no es realmente nueva. Siempre han existido trabajos independientes como contratistas y consultores, así como trabajos a tiempo parcial. Lo nuevo *es* la expansión de la economía gig hacia los trabajos de clase media y administrativos, así como hacia el modelo de negocio de empresas emergentes con una tecnología altamente valorada y visible.

LA CLASE MEDIA: El trabajo sin beneficios como contratista y a tiempo parcial solía limitarse en gran medida a los «malos trabajos» en empresas de comida rápida, minoristas y otros servicios. Ahora que el trabajo como contratista se está infiltrando en las industrias básicas de clase media, está ganando más atención. Una posición de asistente ejecutivo solía ser un buen trabajo de clase media. Ahora podemos contratar a un asistente virtual por hora en Estados Unidos, India, o cualquier otro lugar. Si queremos un contador o tenedor de libros, podemos automatizar la mayor parte de esa función en QuickBooks, o emplear a un contratista a través de Upwork, LinkedIn o FlexJobs.

Las universidades ya pagan a los profesores por curso como profesores adjuntos, y esos miembros de la facultad no titulares y a tiempo parcial (de los cuales soy una) constituyen ahora una minoría creciente de profesores en muchos institutos y universidades de Estados Unidos. ¿Cuánto tiempo pasará antes de que este modelo de enseñanza se aplique a nuestro sistema de escuelas públicas? Mientras más demuestra la economía gig que los trabajos profesionales y administrativos pueden ser reestructurados, contratados y adquiridos por un menor precio, más perturbadora parece.

EMPRESAS TECNOLÓGICAS: De alguna manera, cuando encontramos trabajadores a tiempo parcial sin ningún beneficio en locales de comida rápida o trabajadores por contrato cuando tomamos un taxi, esto es menos novedoso que cuando podemos llamar a esos mismos trabajadores y contratistas a tiempo parcial por nuestros teléfonos y pedirles que nos traigan cosas o nos lleven a algún lugar. Las plataformas tecnológicas como Uber y TaskRabbit, que están construidas sobre modelos de mano de obra por contrato y alcanzan valoraciones estratosféricas, son mucho más emocionantes como «anzuelo de clics» en la red que una historia sobre un taxista normal o el asistente personal de alguien. Parece que ahora que es una historia tecnológica, el trabajo resulta súbitamente interesante.

Las cuestiones laborales planteadas por la economía gig no son nada nuevas. En 1995, el Departamento del Trabajo (DdT) consideró que los incentivos de nuestro mercado laboral eran perversos. Ellos concluyeron que nuestro sistema actual alienta a los empleadores a estructurar su fuerza laboral con contratistas con el fin de hacer ahorros significativos evitando la contratación de empleados a tiempo completo:

> [...] la actual legislación fiscal, laboral y de empleo otorga a los empleadores y empleados incentivos para crear relaciones contingentes, no en aras de la flexibilidad o la eficiencia, sino con el fin de eludir sus obligaciones legales. El empleador no tendrá que hacer contribuciones a la Seguridad Social, seguro de desempleo, remuneración laboral y seguro de salud, se ahorrará los gastos administrativos de la retención, y será relevado de su responsabilidad para con el trabajador bajo las leyes laborales y de empleo.[14]

Han pasado más de dos décadas desde que se publicó ese informe; sin embargo, nuestras políticas laborales siguen siendo las mismas... aunque cada vez tienen menos sentido en un mundo donde cada vez menos trabajadores tienen un trabajo a tiempo completo con un solo empleador. La economía gig es una economía de trabajo, pero nuestras políticas laborales solo ofrecen beneficios y protección a los empleados que tienen empleos tradicionales.

¿Qué tan grande es la economía gig?

Es difícil saber con certeza qué tan grande es la economía gig o qué tan rápido está creciendo con exactitud. Normalmente, la responsabilidad de recopilar datos sobre las tendencias de empleo y el mercado laboral le corresponde a la Oficina de Estadísticas Laborales (BLS, por sus siglas en inglés). La BLS ha hecho hasta el momento un trabajo deficiente al cuantificar el crecimiento de la economía gig. Su última encuesta sobre los trabajadores contingentes fue realizada en el año 2005.[15]

Sin embargo, algunos estudios recientes proporcionan evidencia temprana de que la economía gig es significativa y está creciendo rápidamente. Los economistas Larry Katz, de Harvard, y Alan Krueger, de Princeton, llevaron a cabo análisis detallados de los datos fiscales y encontraron que:[16]

➤ El porcentaje de estadounidenses que realizan trabajos alternativos aumentó en más de 50% en la última década, pasando de 10% en 2005 al 15,8% en 2015.
➤ La proporción de individuos que presentan formularios de impuestos Schedule C (el formulario utilizado para reportar ingresos y pérdidas de autoempleo luego de operar un negocio o trabajar como propietario único),

casi se duplicó, pasando del 8,5% aproximadamente en
1980 a más del 16% en 2014.

➤ Su hallazgo más sorprendente fue que «todo el
crecimiento del empleo neto en la economía de Estados
Unidos de 2005 a 2015 parece haber ocurrido en
acuerdos de trabajo alternativo», y no a partir de trabajos
a tiempo completo.

Por ahora, un empleado en un trabajo a tiempo completo sigue
siendo el modelo laboral dominante, pero los empleadores se están
alejando de ese modelo, y también los trabajadores. Se están creando menos puestos de trabajo, las empresas están contratando más
contratistas y trabajadores a tiempo parcial, los beneficios de los
empleados están disminuyendo, y muchos trabajadores prefieren
tener mayor autonomía, flexibilidad y elección en lo que respecta a
su trabajo. Todavía no podemos señalar una cifra exacta que repre-
sente cuántas personas están trabajando actualmente en la economía gig, pero la evidencia es clara en cuanto a que el número está
en creciendo de manera rápida y constante.[17]

Deje de buscar empleo

La economía gig está alterando la manera en que trabajamos al
transformar nuestro mercado laboral de empleos en un mercado
laboral de trabajo. Esta les ofrece a las empresas y los trabajadores
una alternativa al modelo único de un empleado a tiempo completo en un empleo a tiempo completo.

Para los trabajadores calificados, la economía gig ofrece oportunidades de convertir buenos empleos en un gran empleo. Para
los trabajadores menos calificados que tienen tradicionalmente «malos empleos», ofrece el potencial de convertir esos malos
empleos en un mejor trabajo. Al desvincular el trabajo de un

empleo, los trabajadores pueden lograr niveles de autonomía, flexibilidad y control que tradicionalmente no han estado disponibles para los empleados.

La economía gig también está alterando nuestra forma de vida. Nuestro estilo de vida tradicional altamente apalancado y de altos costos fijos no funcionará tan bien en una economía de trabajo e ingresos variables. Y estructurar nuestras vidas para trabajar durante cuarenta años de manera excesiva y luego retirarnos no tiene mucho sentido cuando podemos obtener más tiempo a lo largo del camino y lograr una mezcla más equilibrada de trabajo y ocio a lo largo de nuestra vida.

Tener éxito en la economía gig requiere una nueva mentalidad, habilidades específicas y un conjunto actualizado de herramientas, aspectos que cubriremos en los diez capítulos siguientes. Sin embargo, tener éxito no significa encontrar un empleo. Significa crear una vida más alineada, mejor equilibrada y encontrar un trabajo satisfactorio que le ayude a lograr su visión del éxito profesional y personal.

Por lo tanto, deje de buscar empleo y empiece a organizar su vida en la economía gig.

Primera parte

CONSIGA UN TRABAJO

mejor

• *Capítulo uno* •

DEFINA SU ÉXITO

Este es el comienzo de todo lo que quiera...

—ANÓNIMO

Nuestras primeras ideas del éxito provienen de las demás personas. Comienzan en casa con lo que piensan nuestros padres y familia, y luego continúan en la escuela y el trabajo con los comportamientos que recompensan nuestros maestros y jefes. Respondemos temprano a estas influencias interiorizando las versiones del éxito que vemos a nuestro alrededor. Si lo permitimos, estas versiones externas del éxito pueden abrumar nuestras propias visiones, haciendo que sigamos el camino tan conocido a una vida que tal vez no queramos vivir.

Brenna estaba llevando una vida típica de un estudiante de la maestría en administración de negocios. Llevaba tres años trabajando en una empresa de la lista Fortune 500 en un empleo que la hacía sentirse atrapada. Se inscribió en el programa de maestría, aunque prefería aprender en el trabajo que en el aula. Y vivía en casa con sus padres en los suburbios —algo que le parecía aburrido— para poder pagar sus préstamos estudiantiles. Ella seguía un camino basada en los indicadores externos del éxito en lugar de en su propia visión y objetivos.

Brenna era estudiante mía, y después de terminar mi curso (que era el primero en su programa de maestría), dejó su trabajo, se retiró de la maestría y se trasladó a la ciudad. Cuando la vi un año después, estaba trabajando para una empresa emergente bien financiada en un cargo lleno de retos que se alineaban con sus intereses a largo plazo, disfrutando de la comodidad y facilidad de la vida urbana, y comprometida en matrimonio. No se había inscrito de nuevo en el programa de maestría y no estaba segura de si alguna vez lo haría. Brenna había dejado de vivir la vida que otros esperaban de ella y comenzado a seguir sus propios intereses y deseos. Ella creó su propia visión de su éxito.

Si no nos detenemos a reflexionar sobre lo que significa el éxito para nosotros y cuál es nuestra versión de él, podemos caer fácilmente en una vida basada en las prioridades ajenas: cuánto tiempo piensa nuestro jefe que debemos pasar en la oficina, lo que nuestros padres quieren que estudiemos, y qué carrera impresionará a nuestros amigos. Si no hemos sacado el tiempo para reflexionar y ser deliberados acerca de nuestras prioridades, nos arriesgamos a tomar decisiones que se desvían de lo que realmente queremos. Terminamos aceptando ese trabajo lucrativo que requiere una gran cantidad de viajes cuando lo que realmente queremos es tiempo para conectarnos y ayudar a nuestra familia y amigos en casa. Trabajamos demasiado y por muchísimo tiempo, aunque decimos que queremos priorizar la crianza de nuestros hijos, entrenar para el maratón, o estar con nuestros padres mientras envejecen.

Para definir el éxito por nuestra propia cuenta, debemos alejarnos de las versiones externas y culturales del éxito que nos rodean. Solo cuando acallemos las voces de los compañeros, padres, académicos, así como las corporativas y sociales, que nos dicen lo que «debemos» querer y lo que se «supone» que debemos hacer, podremos escuchar nuestros deseos y sueños internos. Y solo escuchando atentamente podremos empezar a ver cómo es nuestra versión del éxito.

Jessica Fox, antigua narradora de historias de la NASA y autora de *Three Things You Need to Know About Rockets* [Tres cosas que necesita saber sobre los cohetes], recomienda un proceso que ella utiliza para aprovechar sus propios pensamientos y sueños llamado «tiempo de juego» (ella revela los resultados interesantes de este proceso en su libro).[1] Jessica describe el tiempo de juego así:

> Debe haber una hora del día, cada día, cuando estés solo, cuando dejes el teléfono y, para citar a mi autor favorito, Joseph Campbell, «simplemente experimentes y saques a la luz lo que eres y lo que podrías ser».[2] Cómo hagas eso no importa. Puedes sentarte simplemente y mirar por una ventana, puedes dibujar, o puedes ver qué imágenes o palabras se te ocurren y anotarlas. Se trata simplemente de ponerte en contacto con tus propios pensamientos. Algo dentro de ese embrollo de ideas que afloran será una semilla o un germen que es increíblemente importante para ti, que no habrías tenido tiempo de escuchar a menos que hicieras este tipo de ejercicio. O algo que ha estado en ti, pero no estás escuchando, aflorará. A veces notarás un patrón, algo que surge una y otra vez. Préstale atención. No hay necesidad de crear nada a partir de eso, se trata de un tiempo de incubación creativa. Solo observa lo que sucede.

Intente tener un tiempo de juego, y luego complete el siguiente ejercicio.

Defina su visión del éxito

Para ver esa visión interna, comience por hacerse preguntas que le ayudarán a articular sus prioridades:

◆ ¿Qué aspecto tiene el éxito para mí?

◆ ¿Cuáles son los valores y las prioridades que quiero vivir?

◆ ¿Cuál es mi definición de un buen trabajo, una buena carrera, e incluso de una buena vida?

Las respuestas a estas preguntas se convertirán en su guía para las decisiones financieras, profesionales y personales que tome.

El nuevo sueño americano

Nuestra versión estadounidense del éxito ha estado ligada históricamente a nuestra visión del sueño americano: la casa, el auto, los dos o tres niños, y finalmente una jubilación apacible. Sin embargo, hay algunas evidencias de que esta imagen está cambiando. Met-Life llevó a cabo mil entrevistas para su *Estudio del sueño americano* y concluyó que «los estadounidenses están menos preocupados por los asuntos materiales, y que los indicadores tradicionales del éxito en la vida —casarse, comprar una casa, tener una familia, acumular riqueza— no son tan importantes en la actualidad. En cambio, alcanzar un sentido de realización personal es más importante para la materialización del sueño americano que acumular riqueza material».[3]

La encuesta realizada por el Centro para un Nuevo Sueño Americano a casi dos mil estadounidenses llegó a una conclusión similar.[4] Sus encuestados nombraron la libertad personal, la seguridad, el logro de su potencial como persona y tener tiempo libre para disfrutar la vida como sus principales respuestas a la pregunta de cuál era su versión particular del aspecto que tenía el sueño americano. Estamos viendo que una nueva versión del éxito se está afianzando, y se halla más enfocada en las prioridades personales. Se trata menos de pies cuadrados en nuestra casa(s), auto(s) en la entrada y dólar(es) en el banco, y más de experiencias, relaciones y realización personal.

La investigación sobre lo que conduce a una vida feliz y significativa sugiere que modificar el sueño americano tradicional para centrarse más en nuestro interior y en la realización personal es un paso en la dirección correcta. Tim Kasser, profesor y autor de *The High Price of Materialism* [El alto precio del materialismo], analizó una década de datos empíricos sobre el materialismo y su efecto sobre nuestro bienestar. Su investigación demuestra que enfocar nuestras vidas en las búsquedas materiales genera ansiedad, aislamiento y alienación. Kasser encontró que asignarle un alto valor a los bienes materiales se asocia con la inseguridad y niveles más bajos de comportamiento social y empático. Los resultados de su investigación sugieren que organizar la vida alrededor de nuestros valores intrínsecos es la mejor manera de aumentar nuestra sensación de bienestar.[5]

La aparición de los «nómadas digitales» es un ejemplo de esta nueva versión menos materialista del éxito. Los nómadas digitales utilizan la tecnología para trabajar, vivir, jugar y viajar cuando quieren, y desde donde quieren. Liberados de los desplazamientos, los cubículos, los suburbios y el *statu quo*, construyen vidas geográficamente flexibles alrededor de los lugares en los que desean estar. Es la antítesis de la vida tradicional centrada en un edificio de oficinas, una hipoteca, y los viajes entre ambos lugares. Sin preocuparse por lo que «los demás» piensan que ellos «deberían» hacer, los nómadas digitales están creando vidas definidas por su propia versión del éxito y trabajando de acuerdo con sus propias reglas.

Aproveche el poder de la visión retrospectiva

La visión retrospectiva es una herramienta útil para reflexionar sobre nuestras elecciones de vida y sobre cómo podemos hacerlas de un modo diferente en el futuro. El *Estudio Harvard sobre el desarrollo adulto*, iniciado hace setenta y cinco años, ha estado siguiendo a un grupo de setecientos veinticuatro hombres a lo largo de sus vidas. El estudio utiliza la visión retrospectiva para ayudarnos a entender lo que ha sido importante en el transcurso de la vida de sus sujetos. Su mayor hallazgo fue:

> [...] muchos de nuestros hombres, cuando estaban empezando como jóvenes adultos, realmente creían que la fama y la riqueza y los altos logros eran lo que necesitaban perseguir a fin de tener una vida agradable. Pero una y otra vez, a lo largo de estos setenta y cinco años, nuestro estudio ha demostrado que las personas a quienes mejor les fue, resultaron ser aquellas que se apoyaban en las relaciones, la familia, los amigos y la comunidad.[6]

En última instancia, el dinero y el éxito profesional no se correlacionó con una mayor felicidad o significado; solo las relaciones eran importantes.

Con resultados similares, Bronnie Ware, enfermera en un hospicio, resumió los arrepentimientos que escuchaba con más frecuencia por parte de las personas al final de sus vidas. Ella encontró que la gente estaba muy decepcionada por no haber priorizado las prioridades internas sobre los indicadores externos del éxito: «Desearía haber tenido el valor de vivir una vida que fuera fiel a mí mismo, y no la que otros esperaban de mí», era el lamento más común.[7]

Si solo tuviéramos la previsión de nuestra visión retrospectiva, podríamos tomar mejores decisiones. A falta de eso, estos tres experimentos sobre el pensamiento tratan de aprovechar el poder de la visión retrospectiva para enfocarnos en nuestra visión interna del éxito.

Refine su visión del éxito

PASO 1: EL EJERCICIO DEL OBITUARIO

El ejercicio tradicional del obituario le pide que escriba el obituario que le gustaría ver escrito con relación a usted cuando muera; el mismo está destinado a ser una reseña anhelada de la vida que le gustaría haber vivido.[8] El siguiente ejercicio es similar, pero le pide que escriba dos obituarios: uno que refleje la vida que está llevando, y otro que refleje la vida que usted aspira a llevar.

Roz Savage, autora del libro *Rowing the Atlantic* [Remando el Atlántico], era una consultora administrativa de treinta y tres años en Londres cuando escribió las dos versiones de su obituario. Ella reflexiona sobre el impacto que esto tuvo en su vida:

El primero mostraba la vida que yo quería tener. Pensé en los obituarios que disfrutaba leyendo, la gente que admiraba [...] la gente [que] realmente sabía vivir. La segunda versión era el obituario para la vida a la que yo me dirigía —una vida corriente y convencional— agradable y con sus momentos de excitación, pero siempre dentro de los límites seguros de la normalidad. La diferencia entre los dos era sorprendente. Claramente, algo iba a tener que cambiar [...] necesitaba un proyecto. Así que decidí remar el Atlántico.

Roz decidió vivir según el obituario que quería tener. Vendió su casa, dejó su trabajo y comenzó una nueva vida. Actualmente es autora, oradora y activista ambiental, y ha remado en solitario los océanos Atlántico, Pacífico e Índico.

PASO 2: EL EJERCICIO DEL GUION

Esta es una variación del ejercicio del obituario basada en el poema «El guion» de Linda Ellis.[9] El título se refiere al guion entre su fecha de nacimiento y la fecha de su muerte.

«Porque no importa cuánto poseemos,
los autos... la casa... el dinero.
Lo que importa es cómo vivimos y amamos
y cómo pasamos nuestro guion».

Acepte el desafío a pensar del poema: ¿Como quiero pasar mi guion?

PASO 3: EL EJERCICIO DE LAS VIRTUDES

David Brooks, en su artículo del *New York Times* titulado «La lista moral de cosas por hacer antes de morir», señala que la sociedad estadounidense pasa más tiempo enseñándonos y recompensándonos a desarrollar nuestras *virtudes del currículum* que nuestras *virtudes del panegírico*.[10] «Las virtudes del currículum son las habilidades que llevas al mercado. Las virtudes del panegírico son aquellas sobre las que se habla en tu funeral: si eras amable, valiente, honesto o fiel. ¿Eras capaz de mostrar un amor profundo?». Para este ejercicio, reflexione en lo siguiente:

◆ ¿A cuáles virtudes les dedico más tiempo a fin de desarrollarlas en mi vida y por qué?

◆ ¿Cuáles virtudes del panegírico me gustaría cultivar?

Definir nuestra visión del éxito no es un ejercicio de una sola ocasión. Es algo que deberíamos revisar rutinariamente a lo largo de nuestras vidas. Por lo general, es en nuestra adolescencia y principios de la veintena que nuestra primera visión de nuestra vida adulta comienza a formarse. Es entonces cuando empezamos a construir una vida alrededor de lo que parece ser el éxito y diseñamos un plan para nuestro futuro: ¡escuela de derecho! ¡Un compromiso de diez años para ser socio en la firma! ¡Una casa grande! ¡Una familia y un perro! Luego, veinte años más tarde, somos socios, tenemos un título y un grado académico, vivimos en una casa de cinco habitaciones con nuestra familia y el susodicho perro, pero nos sentimos insatisfechos, infelices y descontentos. «¿Esto es todo lo que hay?», nos preguntamos. Estamos en nuestra cuarentena y a punto de la crisis de la mediana edad, ya que vivimos en correspondencia con las decisiones que tomamos hace dos décadas, cuando teníamos valores y experiencias diferentes que aprovechar. Nunca hicimos un alto en el camino para revisar, reflexionar, reconsiderar nuestras elecciones y hacerle cambios a nuestra visión.

¿Cómo evitar esta trampa y, esperamos, la crisis? Richard Shell, profesor de la Escuela de Negocios Wharton de la Universidad de Pensilvania, aboga por que hagamos «paradas de rigor» a lo largo del camino para alcanzar nuestras metas a fin de evaluar nuestras prioridades y las diversas definiciones del éxito que vamos teniendo.[11] Esto significa que debemos revisar, reflejar y recalibrar regularmente. Debemos —tanto por nuestra cuenta como con un compañero o amigo cercano posteriormente— detenernos para reflexionar y actualizar nuestra definición, y repasar este capítulo para revisar y responder nuevamente la lista de preguntas. Es probable que nuestras respuestas hayan cambiado, y de ser así tendremos que corregir el rumbo.

Estas «paradas de rigor» deberían ser frecuentes, porque la investigación muestra que somos pronosticadores muy deficientes de lo que en un futuro disfrutaremos, nos producirá alegría y encontraremos significativo. Daniel Gilbert, profesor de psicología en la Universidad de Harvard, ha descubierto a través de su investigación que somos pobres pronosticadores de cómo se sentirá nuestro yo futuro en cualquier situación dada.[12] Cuando imaginamos lo que podría hacernos felices o satisfechos, o cómo podríamos sentirnos en circunstancias diferentes, estamos por lo general equivocados. Gilbert descubrió que una de las mejores maneras de averiguar lo que nos gusta, lo que disfrutamos y lo que nos hace felices es observando y preguntándoles a otros que ya lo están haciendo.

Este proceso de observar y preguntarles a las personas que ya están en la situación que estamos contemplando se llama *subrogación*. Suena increíblemente simple, pero la investigación de Gilbert muestra que simplemente preguntarles a otras personas acerca de sus experiencias al hacer aquello que queremos hacer mejora entre un 30% y un 60% nuestra capacidad de predecir nuestras experiencias futuras basados en nuestra propia reflexión, investigación y contemplación. La razón por la que la subrogación funciona es porque todos compartimos una base común y amplia de gustos, preferencias y reacciones ante los acontecimientos. Como señala Gilbert, «todo el mundo prefiere un fin de semana en París a golpearse con una viga en la cabeza».

La subrogación puede ayudarnos a definir y perfeccionar una visión del éxito que muy probablemente sea satisfactoria. Al identificar a las personas que han logrado nuestra versión del éxito, también nos damos a nosotros mismos modelos a seguir y un posible camino que podemos recorrer para lograr nuestra visión. Probablemente ya sabemos o estamos al tanto de personas que creemos que han alcanzado el éxito. Considere quiénes son y qué han hecho que les haga ser exitosas en su opinión.

Subrogación y éxito

PASO 1: IDENTIFIQUE EL ÉXITO

¿A quién conozco y considero exitoso?

◆ Identificar y escribir acerca de cinco personas que considero exitosas.

◆ ¿Qué es lo que me hace pensar que son exitosas?

PASO 2: PRACTIQUE LA SUBROGACIÓN

¿Puedo reunirme con ellos para preguntarles sobre sus experiencias alcanzando el éxito?

El éxito es contagioso

Mientras estamos buscando personas exitosas en nuestras redes, este es un buen momento para hacer también un balance de las personas más cercanas a nosotros y con las que pasamos más tiempo. Nicholas Christakis y James Fowler, profesores de Harvard, pasaron un tiempo significativo trazando las conexiones sociales del Estudio Framingham sobre el corazón, el cual ya tiene cincuenta años de duración y ha seguido a más de quince mil personas en el transcurso de sus vidas. El estudio ofrece pruebas de que los comportamientos y las actitudes se propagan socialmente entre grupos de amigos e incluso entre amigos de amigos. Ellos le llamaron a este fenómeno «contagio social» y encontraron que fumar, beber, la obesidad, la felicidad e incluso la soledad parecían propagarse socialmente. También documentan cómo la creatividad, la riqueza, las visiones políticas, las tendencias violentas y la felicidad se propagan a través de las redes sociales.[13] Los autores concluyeron que somos influenciados no solo por las actitudes, sentimientos y comportamientos de nuestro círculo inmediato de amigos, sino también por personas que están a tres grados de separación de nosotros (es decir, amigos de amigos de nuestros amigos).

Jim Rohn, experto en desarrollo personal, declaró acertadamente que nos convertimos en el promedio de las cinco personas con las que pasamos más tiempo.[14] Deténgase y piense por un momento quiénes son sus cinco personas. ¿Reflejan su visión de quién usted desea ser?

La teoría de Rohn también refleja la idea de que somos fuertemente influenciados, sin importar si nos damos cuenta o no, por los comportamientos, pensamientos y actitudes de las personas más cercanas a nosotros. La lección es que, si queremos alcanzar nuestra visión del éxito, es una ayuda rodearnos de personas cuyas prioridades y visión estén alineadas con las nuestras (hablaremos más sobre cómo conectarse deliberadamente con los demás en el capítulo 4). Podemos definir nuestra versión del éxito, pero las personas más cercanas a nosotros juegan un papel importante en ayudarnos a lograrlo.

La línea de tiempo del éxito

El marco de tiempo que establecemos para alcanzar nuestras metas influye en el hecho de alcanzar o no nuestra visión del éxito. Tal vez no seamos capaces de iniciar nuestro pequeño negocio y escribir nuestra primera novela el próximo año, pero probablemente podremos hacer una de estas cosas, o incluso ambas, durante los próximos cinco años. Nigel Marsh ilustró mejor este concepto durante su popular charla TED llamada «Cómo hacer que el equilibrio entre el trabajo y la vida funcione».[15] Marsh enfatizó la importancia de seleccionar el *horizonte de tiempo* adecuado para evaluar si alcanzamos el equilibrio entre el trabajo y la vida. Señaló que «un día es demasiado corto, y "después de retirarme" es demasiado largo. Tiene que haber un camino intermedio».

El punto de Marsh es que el tiempo que elegimos para lograr nuestros objetivos puede afectar el hecho de alcanzarlos o no. En su ejemplo, tal vez no podamos lograr el equilibrio entre el trabajo y la vida personal en un día en particular, pero si extendemos el marco de tiempo a un mes o un año, es más probable que tengamos éxito. El mismo concepto se aplica para lograr nuestra versión del éxito.

Los horizontes de tiempo pueden ayudarnos a dedicar mejor todos nuestros recursos —nuestro tiempo, energía, atención y dinero— para lograr nuestros objetivos. Debemos tener cuidado con nuestra tendencia natural a dedicar excesivamente nuestros recursos a actividades a corto plazo que ofrecen recompensas inmediatas y no a nuestras metas y prioridades a largo plazo. Clayton Christensen ofrece la ilustración más convincente de las consecuencias de la inversión exagerada a corto plazo. En su artículo de *Harvard Business Review*, titulado «¿Cómo medirá su vida?», Christensen describe cómo, más de treinta años después de graduarse, muchos de sus compañeros de clase han terminado «infelices, divorciados y alienados de sus hijos» aunque ninguno de ellos se propuso esto. Muchos de ellos dedicaron demasiado tiempo a ganancias a corto plazo en el sitio de trabajo y no pasaron el tiempo suficiente invirtiendo en recompensas, a largo plazo y más difíciles de medir relacionadas con sus vidas hogareñas. Christensen afirma que nuestra inversión y asignación excesivas de tiempo y energía para alcanzar objetivos a corto plazo pone en riesgo nuestras metas a más largo plazo. Para superar esta tendencia, necesitamos darles a nuestros objetivos a largo plazo mayor prioridad y asignarles conscientemente nuestros recursos.[16]

¿Por qué es esto o lo otro?

Los horizontes de tiempo también son poderosos porque pueden ayudarnos a evitar las falsas dicotomías: elecciones que parecen decisiones *condicionadas* y a corto plazo, pero que son realmente decisiones *no excluyentes* dentro de un marco de tiempo más generoso. Por ejemplo, si soy un consultor independiente, podría decidir si quiero pasar el verano con mis hijos *o* trabajar durante el verano para alcanzar mis metas financieras para el año. A corto plazo, la elección es *esto o lo otro*. No obstante, si extiendo el horizonte de tiempo y planeo pasar el *próximo* verano en la playa, puedo utilizar el año mientras tanto para ahorrar dinero, tener clientes adicionales a fin de generar más ingresos y darles aviso anticipado a los clientes existentes de que estaré descansando el próximo verano. Al permitirme el tiempo adicional para planear y ejecutar esos tres pasos, puedo hacer las dos cosas: pasar el verano en la playa *y* alcanzar mis objetivos financieros para el año. Podemos alcanzar una mayor parte de nuestros objetivos más grandes y significativos si nos concedemos la cantidad correcta de tiempo.

Esta cuestión de «esto *o* lo otro» versus «esto *y* lo otro» no es un concepto que se aplique solo a los horizontes de tiempo. Es un marco útil para desafiar nuestra suposición cada vez que nos enfrentamos a cualquier elección. Nos obliga a examinar más de cerca si cualquier elección dada es real o falsa. Consideremos la dicotomía más común: ¿debo hacer lo que me apasiona *o* lo que me hace ganar dinero? En lugar de operar dentro de esta elección limitada, ¿por qué no considerar hacer lo que le apasiona durante el día, como su actividad principal, *y* aceptar un trabajo independiente para ganar dinero? O viceversa: trabaje durante el día *y* disfrute su pasión mientras no trabaja. Al cuestionar por qué es una decisión de *esto o lo otro*, podemos desafiar nuestras suposiciones y, en muchos casos, encontrar una opción mejor *y* más satisfactoria.

Adopte una mentalidad de oportunidad

Tener éxito en la economía gig requiere que trabajemos de diferentes maneras —no siempre como empleados a tiempo completo— y pensemos en el trabajo de un modo distinto al pasar de una *mentalidad de empleado* a una *mentalidad de oportunidad.*

El trabajador con una *mentalidad de empleado* busca responder: ¿qué empleo puedo conseguir?

Un trabajador con una *mentalidad de oportunidad* busca responder: ¿qué trabajo puedo hacer, y qué valor puedo aportar?

Un trabajador con mentalidad de empleado quiere, o espera incluso, que un empleador organice, estructure y presente un trabajo preconstruido con una escalera para subir, y una versión predefinida del éxito en la parte superior: la oficina de la esquina, el título, el gran salario. Los trabajadores con mentalidad de empleados delegan en gran medida su sentido de seguridad, estabilidad financiera y desarrollo profesional en sus empleadores. Ellos dependen de su empleador para que los ayude a lograr el éxito y alcanzar la seguridad financiera. La mentalidad de empleado es relativamente pasiva en su naturaleza y cuenta con un empleador para organizar y proporcionar un trabajo predefinido con beneficios preestablecidos.

Esta mentalidad ha persistido en parte debido a que una vez las empresas fueron guardianes voluntarios y vitalicios de la trayectoria profesional y la seguridad financiera del empleado. Las empresas solían ofrecer empleos seguros y a largo plazo, promociones regulares, aumentos de sueldo y beneficios vinculados a la antigüedad. También recompensaban a los trabajadores con pensiones garantizadas y beneficios de atención médica durante su jubilación. Era razonable confiar en los empleadores, porque eran confiables. Ahora que las empresas no hacen promesas ni garantías, que no ofrecen ningún sentido de seguridad y cada vez evitan más contratar empleados a tiempo completo, mantener la mentalidad de empleado es poco realista y altamente arriesgado.

Un enfoque menos arriesgado para tener éxito en la economía gig es la transición a la mentalidad de oportunidad, la cual es más proactiva. Los trabajadores con mentalidades de oportunidad se ven a sí mismos como creadores activos, constructores y arquitectos de sus propias trayectorias profesionales, y no como los destinatarios de estas. Aceptan y esperan generar su propia versión personalizada de la seguridad, la estabilidad y la identidad, que está separada de cualquier empresa u organización. Crean sus propias visiones del éxito y trabajan para alcanzarlo.

Un trabajador con mentalidad de oportunidad se conecta activamente con los demás, aprende nuevas habilidades y busca nuevas experiencias. Incluso cuando trabajan como empleados a tiempo completo, los que poseen una mentalidad de oportunidad piensan de manera más estratégica en las habilidades, experiencias, redes, referencias y conocimientos que puede ofrecerle su trabajo actual a fin de posicionarlos para un futuro mejor. Ellos tratan de determinar aquello que puedan lograr y aprender en su papel actual que sea transferible al próximo. La mentalidad de oportunidad requiere más esfuerzo que la mentalidad de empleado, pero es mucho menos arriesgada de adoptar.

SU DEFINICIÓN DEL ÉXITO REPRESENTA EL NUEVO SUEÑO AMERICANO

Una mayor flexibilidad en la forma en que las personas pueden trabajar, como contratistas, trabajadores independientes o en empleos tradicionales a tiempo completo, está aumentando nuestras opciones y elecciones sobre el aspecto que tiene el éxito y cómo alcanzarlo, permitiéndonos soñar y desarrollar creativamente nuestras vidas en torno a nuestras prioridades y valores. Hay muchas versiones del nuevo sueño americano y del aspecto que tiene el éxito. En la economía gig, somos más libres de perseguir las nuestras.

A medida que piensa en definir su propia versión del éxito, considere lo siguiente:

➤ ¿Cómo puedo definir y perfeccionar más mi propia versión del éxito?

➤ ¿Me rodeo de personas cuya visión del éxito está alineada con la mía?

➤ ¿He seleccionado el horizonte de tiempo adecuado para alcanzar el éxito?

➤ ¿He adoptado una mentalidad de oportunidad?

Capítulo dos

DIVERSIFIQUE

Usted no puede modelar por el resto de su vida, así que es importante
diversificar su carrera.

—TYRA BANKS

Allison se formó como cantante de ópera clásica. Se especializó en
interpretación de voz y literatura italiana en la universidad, pero
incluso antes de graduarse, sabía que no seguiría una carrera en la
ópera. Su pasión por este género había disminuido en los últimos
dos años, y ella comprendió que sus pasiones y habilidades eran
mucho más amplias que el mundo de la ópera. Sabía que tenía que
diseñar otro plan. Después de la graduación, aprovechó una pasan-
tía universitaria en un empleo a nivel básico en el consulado israelí,
el primero de varios empleos que tendría en relaciones interna-
cionales. Hoy en día, más de una década después de graduarse,
Allison ha combinado los talentos que la llevaron a la ópera, la
interpretación, el canto y las habilidades de respiración que aprendió durante su formación, así como su experiencia laboral a nivel
internacional, en un portafolio de tres actividades independientes:

1. Allison es una empresaria. Fundó y dirige su propia empresa
   para hablar en público que ayuda a clientes de todo el mundo a encontrar su voz y aprender a ser oradores públicos más

confiados y mejores. Incorpora técnicas de respiración y consejos para estar en el escenario y se desempeña en su trabajo con los clientes.

2. Allison enseña oratoria y comunicaciones como conferenciante adjunta en la Escuela de Negocios de Georgetown y en la Escuela de Gobierno Kennedy de la Universidad de Harvard.

3. Allison aprendió sola a tocar la guitarra y es cantante folclórica. Ha grabado dos CD y ha tocado en vivo en todo el mundo.

Lo que ha hecho Allison es lo que la economía gig requiere de nosotros para triunfar: aprovechar nuestras habilidades, experiencia e intereses existentes en un portafolio diverso de múltiples trabajos independientes. La diversificación es la nueva normalidad de la economía gig. Diversificar nuestro trabajo reduce nuestro riesgo, abre nuevas oportunidades, expande nuestra red de contactos y desarrolla nuestras habilidades. Diversificar nuestros intereses trae equilibrio y variedad a nuestras vidas y nos ofrece una manera de explorar nuestras pasiones, nutrir nuevos intereses y satisfacer nuestras curiosidades. Al igual que Allison, podemos ser instructores de oratoria *y* cantantes folclóricos. Tenemos la libertad de poseer identidades múltiples y la oportunidad de enfocarnos en objetivos personales y profesionales.

Charles Handy, el pensador de asuntos administrativos, describió la idea de una carrera con un portafolio diversificado como «un portafolio de actividades: algunas las hacemos por dinero, otras por interés, otras por placer, otras por una causa».[1] Los trabajadores con el portafolio eran individuos que eligieron deliberadamente construir una vida diversificada de múltiples roles y proyectos, remunerados y no remunerados. Podrían alcanzar metas personales y profesionales y lograr un equilibrio entre el dinero y el amor, el juego y el trabajo, la pasión y el pragmatismo.

La diversificación crea seguridad. Gail Simmons, jueza de *Top Chef,* comprendió el poder de la diversificación cuando dejó su trabajo a tiempo completo como directora de eventos en la revista *Food & Wine*. Había empezado a actuar como jueza en el *reality show Top Chef*, del canal de televisión Bravo, y estaba despegando. El éxito del programa y el tiempo que pasó en él la llevaron a negociar con la revista para tener un cargo como consultora. Este cambio le permitió emprender nuevos proyectos que a lo largo del tiempo incluirían ser anfitriona de *Top Chef: Just Desserts*, tener una empresa de consultoría de marcas (desarrollo de recetas, embajadora de marca y consultora de los medios) que trabajaba con una variedad de compañías, escribir un libro, enseñar y ser miembro de la Junta de Directores de varias organizaciones sin fines y con fines de lucro en el sector de los alimentos. Gail también ha iniciado su propia compañía de producción y su primer programa, *Star Plates*, transmitido en Cooking Channel. Gail cree que en la economía gig, «el trabajo consiste en salir adelante. Usted tiene que crear su propio destino». Según la opinión de Gail: «En realidad tengo mucha más seguridad que el 95% de mis amigos porque soy muy diversificada. Mis ingresos provienen de diez a veinte lugares cada año, así que, si una cosa desaparece, no tengo que preocuparme».

Construya un portafolio de trabajos independientes

Diversificar significa construir un portafolio de diversos trabajos independientes. El enfoque más común para construir un portafolio es comenzar con una actividad que sea remunerada. Para muchos lectores, un trabajo a tiempo completo o la asignación de un contrato significativo es la actividad principal del portafolio. La mayoría de los empleos son a corto plazo (la duración promedio es de menos de cinco años para la mayoría de los grupos de edad) y todos los empleos son inseguros, por lo que la actividad cambiará con el tiempo. La adición de otras actividades remuneradas puede aumentar nuestra sensación de seguridad y limitar nuestra desventaja financiera al ofrecernos un fondo de reservas.

Sin embargo, no todas las actividades del portafolio tienen que ser remuneradas, o ni siquiera deberían serlo. Las actividades no tienen que generar ingresos para tener valor. Pueden ser proyectos o cargos voluntarios que nos permitan explorar un interés, aprender una habilidad, reavivar una pasión, tachar algo de la lista de cosas por hacer antes de morir, o simplemente participar en una actividad que nos produzca alegría. Las razones para seguir una oportunidad determinada varían tanto como las oportunidades. Casi todas las actividades nos ayudarán a desarrollar y perfeccionar nuestras habilidades, ampliar nuestras redes de contacto y posicionarnos para una oportunidad futura. Gail Simmons se especializó en antropología y español en la universidad, porque estos eran los temas que disfrutaba y en los que estaba interesada, pero como dice ella: «He llegado a comprender, veinte años después, que la comida es antropología. Lo que más me interesa es la manera en que la comida es una ventana a la cultura [...] y la forma en que comemos es muy indicativa de lo que somos». La antropología resultó ser una base sólida para su interés por los alimentos. Acerca de su especialidad en el idioma español, ella explica que trabaja en la industria alimentaria en la ciudad de Nueva York. «¿Cuál es el idioma de la cocina?», pregunta Gail. Es correcto: el español.

No siempre podemos decir qué actividades, habilidades o experiencias nos interesarán más adelante o nos prepararán para la oportunidad perfecta. Lo mejor que podemos hacer es seguir nuestros intereses y curiosidades, y hacer todo lo posible para satisfacer a ambas cosas. A medida que usted considere cómo construir su propio portafolio diverso de trabajos independientes, piense en incluir aquello que lo ayude a hacer lo siguiente:

Trabajos independientes para poner su pie en la puerta

Muchos de nosotros soñamos con hacer algo con nuestras vidas que parezca completamente diferente a lo que estamos haciendo en este momento, pero no estamos muy seguros de cómo hacer la transición para entrar en un nuevo campo. Si ese es el caso, encuentre una actividad que le ofrezca la oportunidad de iniciar el proceso de reunirse, interactuar y establecer conexiones con personas en una nueva industria o sector.

Por ejemplo, Katherine estaba trabajando a tiempo completo en una agencia de publicidad, pero se descubrió recreando constantemente el espacio de vivienda perfecto en su cabeza. Su verdadera pasión era el diseño de interiores, no la publicidad. Katherine no tenía contactos, redes laborales o experiencia en la industria del diseño, pero poseía mucha determinación, por lo que consiguió un empleo a tiempo parcial los fines de semana en una tienda de muebles lujosos. Esta actividad le brindó la manera de comenzar a establecer conexiones en la industria local de diseño de interiores. Conoció a sus colegas, muchos de los cuales eran diseñadores bien conectados, y a otros diseñadores que iban a la tienda a hacer compras para sus clientes. Solo por estar alrededor de otros diseñadores de interiores, Katherine pudo hacer preguntas y empezar a aprender los conceptos básicos del negocio: cómo venderles a los clientes, cuánto cobrar, cómo dimensionar y administrar los proyectos, y cuáles eran los errores más comunes. Después de trabajar por un tiempo en la tienda, Katherine fue contratada por su primer cliente. Menos de un año después, dejó su trabajo a tiempo completo y comenzó su propia empresa de diseño de interiores, que sigue siendo fuerte. Su trabajo a tiempo parcial en la tienda de ventas al por menor fue su pie en la puerta para aprender una industria completamente nueva y lanzar su propio negocio.

Trabajos independientes para experimentar

Tener un portafolio de trabajos independientes nos permite crear oportunidades de bajo riesgo para experimentar con nuevas ideas y oportunidades. Un trabajo experimental nos permite probar una oportunidad, y si nos damos cuenta de que no nos gusta, podemos prescindir de él e intentar otra cosa. Al utilizar los trabajos independientes para generar pequeñas pruebas pilotos de oportunidades, creamos la opción de continuar e invertir más si tenemos éxito, o detenernos y pasar a otra cosa en caso contrario. Limitamos nuestras inversiones de tiempo, dinero y recursos, pero aun así obtenemos información valiosa y aprendemos de lo que funcionó y de lo que no, de lo que nos gustó y nos disgustó.

Jill es un buen ejemplo de alguien que experimentó mediante una actividad complementaria. Ella tenía un agitado cargo legal corporativo en Nueva York. Después de una década en la misma firma, sintió que era hora de moverse y estaba pensando en pasar del mundo corporativo a trabajar con empresas emergentes. Para explorar el ecosistema empresarial, comenzó asistiendo a un evento durante el fin de semana de Empresas Emergentes y a trabajar con un grupo de empresarios para desarrollar y lanzar una idea de negocios. Alquiló un escritorio en un espacio de trabajo compartido como una forma de conocer empresarios. Y comenzó a desempeñarse gratuitamente como asesora legal de varias empresas emergentes, lo que la ayudó a familiarizarse con los problemas legales que enfrentaban y a adquirir experiencia para resolverlos.

Jill finalmente decidió volver a trabajar para una gran empresa, pero su trabajo experimental con empresas emergentes amplió sus habilidades legales y en los negocios, expandió su red de contactos, y le dio más opciones a su carrera profesional. El ejemplo de Jill ilustra que las actividades complementarias no tienen que convertirse en trabajos a tiempo completo para que se consideren exitosas. En cambio, pueden darnos información valiosa para tomar mejores decisiones acerca de nuestros próximos pasos.

Trabajos independientes para aprender haciendo

Podemos construir un portafolio de trabajos independientes que nos dé oportunidades de aprender mientras trabajamos, a nuestro propio ritmo y en situaciones de menor riesgo. Por ejemplo, yo era una oradora nerviosa y novata cuando empecé a trabajar como profesora adjunta a tiempo parcial. La idea de ponerme de pie en una conferencia profesional y hablarle a una gran audiencia de colegas era muy estresante para mí. Sin embargo, me sentía relativamente menos estresada y más segura frente a un grupo de estudiantes, impartiendo un curso que creé, y hablando de un tema que conocía bien. Durante todo mi trabajo complementario como conferenciante, practiqué la oratoria todas las semanas que impartí clases, y pude experimentar con una variedad de técnicas de oratoria, encontrar mi propia voz y pedir comentarios a colegas y estudiantes. Cuando mi trabajo diurno me obligó a asumir más responsabilidades para hablar en público, ya había practicado y me sentía lo suficiente cómoda para desempeñar sin problemas ese papel. Mi trabajo independiente como conferenciante me dio la oportunidad de aprender a hablar en público al levarlo a cabo.

Trabajos independientes para hacer lo que usted quiere realmente

Podemos armar un portafolio de trabajos independientes para asegurarnos de hacer las cosas que siempre hemos querido hacer y ayudarnos a evitar el plan de vida diferido. *El plan de vida diferido* se refiere a nuestra tendencia a enfocarnos primero en las cosas que «debemos» hacer o que se espera que hagamos, mientras aplazamos lo que realmente queremos hacer hasta... algún día (el cual puede llegar o no).[2] Vivir el plan de vida diferido resulta arriesgado. Hay una posibilidad significativa de que nos encontremos tan atrapados en la identidad y los enredos de la vida que estamos llevando (el título, la compensación, el cargo) que más tarde nos resultará difícil alejarnos y dar un paso para hacer las cosas que queremos hacer.

También nos exponemos a la posibilidad de la meta esquiva. Por ejemplo, nos aseguramos de que trabajaremos como abogados corporativos o banqueros de inversión hasta alcanzar nuestra cifra (la cantidad de dinero que queremos tener), pero media década después estamos completamente atrapados en el estilo de vida, y la cifra que creemos que necesitamos alcanzar comienza a aumentar. La meta constante y cambiante de una cifra cada vez mayor significa que nunca nos sentiremos lo suficiente satisfechos como para dejar de hacer lo que estamos haciendo y pasar a lo que queremos hacer. Un portafolio de trabajos independientes puede ayudarnos a evitar aplazar nuestras vidas dándonos una manera de perseguir las cosas que realmente queremos hacer a partir de hoy.

Encontrando trabajos independientes

El portafolio de trabajos independientes de cada persona es diferente, según sus intereses, sus metas y lo que les gusta. A medida que usted piensa en armar su propio portafolio, trate de considerar una amplia gama de oportunidades potenciales que logren objetivos tanto profesionales como personales:

- ➤ Empleos a tiempo parcial, ya sea en su industria actual o, como Katherine, en un campo nuevo.
- ➤ Cargos de asesoría o en juntas directivas que usted acepta para aplicar sus habilidades de manera diferente o para conocer nuevas industrias/sectores.
- ➤ Trabajo voluntario o sin fines de lucro que usted hace por interés o un sentido de propósito.
- ➤ Dar clases en una universidad, a través de una organización de educación para adultos o en línea, o enseñar una habilidad como esquí, cerámica, tejer o un idioma.

➤ Abrir de manera paralela una pequeña empresa de consultoría en su campo de experiencia o vender productos (las joyas que hace en casa, sus deliciosas barras de caramelo) u ofrecer servicios (ayudando en edición, o en enseñanza universitaria) que no están relacionados con su trabajo principal.

Shari ha implementado un enfoque y una estrategia deliberados para armar un portafolio de diversos trabajos independientes. A ella le gusta pensar que su portafolio está conformado por varios compartimentos. Describió cuatro compartimentos específicos que trata de llenar por fuera de su trabajo diario:

1. **EL COMPARTIMENTO # 1 es para trabajos voluntarios en juntas directivas.** Shari elige empresas con las que quiere trabajar, ofreciendo sus habilidades de consultoría empresarial de forma gratuita, y convirtiéndose en parte de los comités que toman las decisiones. Ella busca organizaciones orientadas a las misiones que se alineen con asuntos que le interesen. Curiosamente, la experiencia y los conocimientos que obtuvo luego de ser voluntaria como miembro de una junta sin fines de lucro la condujo a un cargo remunerado como miembro de la junta de una empresa con la que quería trabajar.

2. **EL COMPARTIMENTO # 2 es para clientes de consultoría.** Shari elabora proyectos a corto plazo para algunos clientes. Hay un compromiso de honorarios y tiempo involucrado.

3. **EL COMPARTIMENTO # 3 es el de «aportar valor».** Aquí, Shari se encarga de averiguar quién en su lista de contactos tiene tiempo para asesorar a compañías que están en sus primeras etapas. Este trabajo generalmente no es remunerado, pero Shari

disfruta trabajando con emprendedores y empresas emergentes y siendo parte de ese ecosistema.

4. **EL COMPARTIMENTO # 4 está reservado para los esfuerzos personales de Shari con el objetivo de iniciar empresas.** Hasta ahora, ella ha hecho un esfuerzo considerable en su propia empresa emergente y fracasó, pero eso no le ha impedido volver a la mesa de trabajo.

Al mirar su carrera en términos retrospectivos, Shari afirma que sus compartimentos de trabajos independientes «han sido más valiosos que cualquier cosa que haya hecho a tiempo completo y me han pagado mucho dinero por hacerlo». Ella encuentra que su valor personal se incrementa en gran medida a través de las «habilidades, la red de contactos y la exposición» que le da su portafolio de trabajos independientes. La diversificación la ha ayudado a crear oportunidades, desarrollar habilidades, expandir sus redes de contactos y dedicar tiempo a hacer cosas que le preocupan y disfruta.

EJERCICIO

Encontrando trabajos independientes

Al pensar en sus propios intereses y metas, genere ideas sobre el aspecto que tiene para usted un portafolio diverso de trabajos independientes.

PASO I: IDENTIFIQUE SU MEJOR TRABAJO INDEPENDIENTE

Reflexione y recuerde:

◆ ¿Cuál fue mi mejor trabajo independiente? ¿Qué fue lo que me encantó de este?

El mejor trabajo podría ser tan lejana y tan simple como una gran ocupación de verano que usted tuvo durante la universidad, y no necesariamente por dinero.

PASO 2: IDENTIFIQUE SU TRABAJO INDEPENDIENTE IDEAL

Imagine la respuesta a:

◆ ¿Cuál sería mi trabajo independiente ideal?

◆ ¿Por qué?

◆ ¿Cuáles son los elementos específicos que hacen de este mi trabajo independiente ideal? Por ejemplo, ¿es la oportunidad de ser creativo? ¿Estar a cargo? ¿Trabajar desde la playa? ¿Dedicarme a una actividad que disfruto?

PASO 3: DESCUBRA TRABAJOS INDEPENDIENTES POTENCIALES

Piense y responda:

◆ Escriba diez trabajos independientes potenciales que podría y quisiera hacer. Asegúrese de incluir algunas ideas que no estén relacionadas con ganar dinero.

La razón para escribir por lo menos diez es que a la mayoría de nosotros se nos pueden ocurrir fácilmente de tres a cinco ideas. La verdadera creatividad viene después de eso, cuando nos extendemos más allá de nuestras redes laborales inmediatas y zona de confort para encontrar ideas que estén fuera de lo que consideramos tradicional.

Es mejor que haga este ejercicio por su cuenta y luego con otra persona: su pareja, un colega o mentor, o un amigo con ideas afines. Otras personas nos ven de manera diferente a como nos vemos a nosotros mismos, y perciben posibilidades para nosotros que no podríamos percibir. También es poderoso compartir nuestras ideas. No podemos anticipar las maneras en que otros pueden contribuir a hacer avanzar nuestras ideas.

El riesgo de una diversificación excesiva

Una pregunta a tener en cuenta al armar su portafolio de trabajos independientes es: ¿cuánto es demasiado? ¿Cuántos trabajos independientes debería tener? Usted querrá tener cuidado de comprender los beneficios de la diversificación, pero también de no diversificar en exceso. La manera más fácil de pensar concretamente en la diversificación es utilizando un ejemplo financiero simple. Si usted tuviera un total de $25.000 en ahorros, no los invertiría todos en una empresa. Hay demasiadas razones, ninguna de las cuales puede controlar o predecir con precisión, de por qué la empresa podría tener un bajo rendimiento, lo que lo dejaría a usted aún peor. La falta de diversificación es arriesgada.

Sin embargo, ¿qué sucede si usted diversifica su portafolio en exceso e invierte diez dólares por cada acción para un total de 2.500 acciones? Resulta que la diversificación excesiva puede ser igual de mala, ya que puede limitar sus pérdidas, pero también restringir sus ganancias. El exceso de diversificación elimina el riesgo de que el mal desempeño de una empresa dé al traste con el portafolio, pero también limita la ganancia que reciba de cualquier rendimiento extraordinario. Los portafolios excesivamente diversificados generan rentabilidades promedio que reflejan, en lugar de superar, el mercado general, porque el rendimiento de cualquier acción individual no tiene un impacto significativo en el rendimiento de todo el portafolio.

Nos arriesgamos a diversificar en exceso si nos extendemos en exceso y hacemos demasiadas cosas. Si diversificamos en exceso, nos arriesgamos a lograr menos de lo que esperábamos. Nos ponemos en una situación de bajo riesgo y baja recompensa. Invertimos muy poco en todas las actividades, lo que aumenta nuestro riesgo de resultados mediocres.

Solo vale la pena invertir en una actividad si podemos dedicarle la cantidad adecuada de tiempo, energía y atención para lograr una recompensa significativa. El reto para cada uno de nosotros es encontrar el nivel adecuado de diversificación por nuestros propios medios.

¿Podemos diversificar y crear experiencia?

La diversificación tiene connotaciones de amplitud, pero también se puede desplegar en profundidad. Malcolm Gladwell afirma en su libro *Fuera de serie* que se necesitan al menos diez mil horas de práctica deliberada para lograr la maestría en un campo exigente en términos cognitivos.[3] No obstante, podemos extender nuestras diez mil horas a lo largo de nuestra existencia, logrando la maestría más tarde en la vida. O podemos dedicar una sola década (es decir, nuestra veintena, nuestra treintena) a alcanzar la práctica y la maestría, lo que nos deja muchas otras décadas para incursionar, explorar, experimentar y perseguir otros intereses. Si consideramos un horizonte de tiempo suficientemente largo, podemos lograr tanto la maestría como la variedad.

La diversificación también puede brindarnos información para ayudarnos a decidir en qué especializarnos. Este concepto se nutre de los programas de formación de médicos. Durante su internado, los médicos alternan entre múltiples especialidades, trabajando durante unos meses en cada servicio —como medicina interna, neurología y cardiología— antes de seleccionar una especialidad y convertirse en expertos en un área práctica. Ellos diversifican para decidir en qué especializarse.

También podemos llegar a ser más expertos al diversificar la manera en que aplicamos nuestras habilidades y conocimientos. Por ejemplo, soy una escritora a tiempo parcial. Este es mi tercer libro, y también he escrito artículos, capítulos de libros y columnas de opinión. Si quisiera ampliar aún más mis habilidades, podría tratar de escribir un ensayo o un blog. Podría trabajar en un cuento o experimentar quizás con otro género como ficción o misterio. Puedo profundizar mi experiencia como escritora diversificando el tipo de escritos que hago. Al expandirme a diferentes estilos y géneros de escritura, me vuelvo más experta en el oficio.

LA DIVERSIFICACIÓN REPRESENTA EL NUEVO ASCENSO DE LA ESCALERA CORPORATIVA

Las empresas reducen sus riesgos y maximizan sus ganancias mediante la diversificación de sus líneas de negocios e ingresos. Los inversores hacen lo mismo diversificando sus carteras. Sin embargo, cuando se trata de individuos, nos aconsejan enfocarnos en: trabajar para un empleador y generar un flujo de ingresos. Este enfoque es arriesgado. La diversificación reduce ese riesgo y nos da la oportunidad de desarrollar nuevas habilidades, expandir nuestras redes de contactos y aumentar nuestras oportunidades futuras.

Mientras piensa en la diversificación, considere:

➤ ¿Cuáles son las formas en que puedo armar un portafolio diverso de trabajos independientes?
➤ ¿Qué tipo de trabajos independientes me gustaría incluir en mi portafolio?
➤ ¿Qué habilidades, redes de contactos y conocimientos existentes puedo aprovechar para crear nuevos trabajos independientes?

• Capítulo tres •

CREE SU PROPIA SEGURIDAD

La seguridad es ante todo una superstición. No existe en la naturaleza, y los hijos de los hombres no la experimentan como un todo. Evitar el peligro no es más seguro a largo plazo que la exposición directa. La vida es una aventura atrevida, o nada.

—HELEN KELLER

Michael trabajó durante treinta años en la misma compañía antes de retirarse a los cincuenta y cinco años. A través de las décadas, ascendió de su puesto en un nivel básico al área de administración, y nunca pensó en buscar otro empleo o trabajar en una empresa diferente. En realidad, nunca necesitó hacerlo; con el tiempo, tuvo suficientes oportunidades de ascender, aumentar su salario y construir un lindo nido con su pensión financiada por la compañía. ¿Para qué irse a otro lugar?

Kieran tiene cuarenta años. Es socio de una pequeña empresa de consultoría y profesor adjunto en una universidad local, además de ser instructor ejecutivo. La trayectoria profesional de Kieran ha sido todo menos lineal. Ha pasado de la consultoría a una empresa Fortune 500, a ser un empresario que dirige su propia empresa, y de vuelta a la consultoría. Nunca pensó en permanecer, o en planear hacerlo, en una sola firma durante su carrera. Él ha podido hacer más, y ganar más, cambiando de empleo y de compañías. Su nido, en la forma de un 401(k) y en cuentas de jubilación individual (IRA) que él mismo financia, lo sigue adonde quiera que vaya.

Planear una carrera como la de Michael resulta arriesgado y poco realista en la actualidad. Los empleos no son seguros, salir adelante se basa más en las habilidades y los conocimientos que en la antigüedad, y poner cada huevo financiero en la canasta de una empresa parece francamente imprudente. Tener un portafolio laboral y múltiples fuentes de ingresos, como Kieran, proporciona seguridad de ingresos, seguridad laboral y cierta medida de estabilidad financiera.

La seguridad laboral no existe

Un trabajo ya no es una base viable sobre la cual construimos nuestra vida profesional, personal o financiera, porque los empleos ya no son estables ni seguros. Las empresas están saliendo del mundo de los negocios con más frecuencia que nunca. La vida promedio de una compañía de S&P 500 era de sesenta y siete años en la década de 1920, pero actualmente es de solo quince años.[1] Eso no es ni siquiera el tiempo suficiente para tener una carrera. Un análisis reciente del Instituto Santa Fe de 25.000 empresas públicas encontró que la típica vida promedio de una empresa pública es de aproximadamente una década.[2]

Las corporaciones más grandes de primer orden que una vez fueron bastiones de la estabilidad ahora son fuentes frecuentes de despidos, reducciones y reestructuración de sus fuerzas laborales. Las empresas se compran, se venden y se combinan en transacciones que rutinariamente despiden a los empleados para realizar ahorros de costos y «sinergias». En el año 2015, la tasa de despidos corporativos continuó aumentando e incluyó compañías como Microsoft (7.800 trabajadores),[3] Proctor & Gamble (6.000 trabajadores),[4] JP Morgan Chase (5.000 trabajadores),[5] American Express (4.000

trabajadores),[6] y Target (2.250 trabajadores).[7] Walmart y McDonald's, los empleadores más grandes de Estados Unidos, eliminaron cientos de puestos corporativos.[8] Incluso las empresas tecnológicas de alto crecimiento no son inmunes. Twitter, Snapchat y Groupon llevaron a cabo despidos en el año 2015.[9] Estos recortes pueden generar beneficios para los accionistas, pero eliminan cualquier sentido de seguridad laboral para los trabajadores.

Los baluartes tradicionales de la estabilidad, como el trabajo con el gobierno, la enseñanza y el mundo académico, todavía existen y ofrecen niveles relativamente más altos de seguridad, pero incluso esos sectores se encuentran bajo presión. En el año 2011, un tercio de todos los despidos ocurrieron en cargos gubernamentales.[10] Los maestros por contrato, los profesores adjuntos, las escuelas subsidiadas y la educación en línea están alterando los antiguos empleos estables en la academia. Y las pensiones que ofrecían seguridad financiera a largo plazo confrontan serios problemas. Los planes de pensiones municipales y estatales que proveen fondos de retiro para los trabajadores del gobierno y los maestros están financiados insuficientemente por más de tres billones de dólares.[11] Cada vez hay menos lugares para conseguir un trabajo si su objetivo es encontrar un empleador que le proporcione cualquier tipo de seguridad laboral.

Muchas personas tienen problemas para aceptar el hecho de que no hay seguridad en los empleos. Glassdoor, un sitio de revisión de empleadores en línea, lleva a cabo una Encuesta de Confianza de los Empleados cada trimestre, en la que le pregunta a los empleados qué tan preocupados están por ser despedidos en los próximos seis meses.[12] También pregunta qué tan preocupados están los empleados de que sus *compañeros de trabajo* sean despedidos. Cada trimestre, muchos más empleados —entre un 10% y un 20% más— reportan estar preocupados porque sus *compañeros de trabajo* sean despedidos en lugar de ellos. Este resultado podría significar que los compañeros de trabajo son haraganes incompetentes y más propensos a ser despedidos, pero es más probable que sugiera que los empleados niegan su propia probabilidad de quedar fuera. La Sociedad para la Gestión de Recursos Humanos también encontró que la mayoría (58%) de los empleados no estaban preocupados en absoluto por la seguridad de sus empleos, a pesar de que un tercio (33%) de ellos informó que en su empresa habían ocurrido despidos en los últimos doce meses.[13]

La negación no es una estrategia poco común para lidiar con la inseguridad laboral. Nos convencemos de que no puede sucedernos a nosotros, que no seremos despedidos, y luego no nos preparamos para la posibilidad de que nuestra situación laboral podría cambiar en un instante. Un mejor enfoque, que nos ayudaría a sentirnos más seguros y menos preocupados, es asumir que nos *sucederá* y tomar medidas para prepararnos.

Cree una seguridad de ingresos

Dado que los empleos ya no ofrecen seguridad, tenemos que crearla nosotros mismos. La mayor seguridad que podemos lograr para nosotros mismos no es la seguridad del trabajo, sino la seguridad del ingreso. Si estamos seguros de que podemos generar los ingresos que necesitamos para respaldar el estilo de vida que deseamos, nos sentiremos más seguros, independientemente de nuestra actual situación laboral. La seguridad debe provenir de nuestras propias habilidades y nuestra propia capacidad para conseguir trabajo y entregar valor. Hay varias formas en que podemos comenzar a crear nuestro propio sentido de seguridad.

Cree una seguridad de ingresos desarrollando habilidades

La economía gig es una economía basada en las habilidades. Más que diplomas, títulos y otros indicadores tradicionales del éxito, el nuevo mercado laboral es un mercado para las habilidades y capacidades específicas y demostrables que podemos ofrecerles a los posibles empleadores y clientes. También estamos viendo una transición de un sistema de empleo basado en la antigüedad a otro basado en las habilidades. Las compañías que solían premiar el tiempo ocupando un puesto a través de promociones, mejores paquetes de beneficios y pensiones ahora están otorgando remuneración y títulos basándose en la capacidad de un empleado para producir resultados e impacto, y no en los años que lleve en su escritorio.

Aunque cada experiencia laboral nos da la oportunidad de mejorar nuestras habilidades, conocimientos y experiencia, todavía tenemos que desarrollar de forma proactiva nuestro conjunto de habilidades independientemente de nuestros trabajos diarios.

Afortunadamente, nunca ha sido más fácil (¡o más barato!) adquirir y desarrollar un conjunto de habilidades por nuestra cuenta. Nuestras muchas opciones incluyen:

- Tomar cursos individuales a través de plataformas como Coursera, EdCast, edX, NovoEd y Udemy.[14]

- Adquirir experiencia laboral y una reputación mediante el uso de plataformas como 99designs, Hourly Nerd, Topcoder y Upwork.

- Mejorar las habilidades de creación de contenido y medios sociales al iniciar nuestro propio blog o cuenta de Twitter para compartir nuestras opiniones, conocimientos y experiencia.

- Desarrollar habilidades de escritura mediante la autopublicación de artículos, o de un libro electrónico o impreso.

- Practicar habilidades de oratoria tomando una clase en Toastmasters, comenzando un podcast, o haciendo un video sobre cualquier tema que nos interese o conozcamos.

- Obtener nuestras propias certificaciones basadas en las habilidades: certificados de codificación, analista financiero diplomado (CFA), planificador financiero certificado (CFP), o licencias de actuario, seguros o bienes raíces. Estos son tan solo algunos ejemplos de credenciales que se pueden obtener al aprobar un examen y/o tomar un curso (a menudo en línea).

- Recaudar fondos a través de sitios como Kickstarter, lo que hace más fácil seguir nuestros emprendimientos creativos, en empresas emergentes o sin fines de lucro (consiga suficiente dinero y usted también podrá grabar su propio CD, fabricar ese artefacto nuevo y divertido, o lanzar una organización sin fines de lucro para salvar al mundo).

La lista continúa, pero podemos ver que con tantas opciones de bajo costo y altamente convenientes para aprender desde nuestros teclados, ya no hay razón para confiar en que una empresa o un trabajo nos brinde la oportunidad de desarrollar nuestras habilidades.

Cree una seguridad de ingresos desarrollando un canal de oportunidades

Incluso cuando estamos empleados a tiempo completo, aún tenemos que estar alertas ante oportunidades potenciales futuras al conocer personas, seguir las indicaciones laborales que nos interesan, perseguir proyectos interesantes y cultivar nuevas actividades. Desarrollar un canal significa que siempre estamos buscando y, lo que es más importante, promoviéndonos a nosotros mismos para nuevos empleos, proyectos, trabajos independientes y tareas. Dorie Clark, autora de *Reinventing You* [Reinventándote] y experta en marca personal, asegura que ya no se trata apenas de una búsqueda de empleo, sino de una campaña permanente:

Muchas personas no quieren lidiar con la molestia de una «campaña de carrera permanente». Piensan que hay que trabajar demasiado para pensar en su marca personal, mantener su huella en los medios sociales o cultivar relaciones cuando no están ante la posibilidad de un nuevo empleo. Esas son las personas que perderán. Ya sea que quieras o no jugar el juego, está sucediendo a tu alrededor.[15]

Ahora formamos parte de la «clase buscavidas», siempre en busca de trabajo, evaluando y actualizando nuestras habilidades y valor, y manteniéndonos al tanto de las posibles oportunidades futuras. Tenemos que examinar periódicamente el mercado para evaluar qué cambios están teniendo lugar, qué habilidades se necesitan y qué valor podemos ofrecer. De esta manera, cuando llegue el momento de pasar a nuestro próximo trabajo, proyecto de consultoría o tarea, tendremos ideas actualizadas sobre lo que queremos hacer a continuación.

Cree una seguridad de ingresos creando múltiples fuentes de ingresos

Hemos visto que Kieran es socio en una empresa de consultoría y un instructor de ejecutivos. Y que Allison dirige su propia empresa y es profesora adjunta. Tener múltiples fuentes de ingresos, ya sea que provengan de una actividad adicional o de aprovechar un activo, como alquilar un cuarto en Airbnb, nos da una posibilidad de reducir nuestro riesgo financiero, aumentar nuestro sentido de seguridad y estabilidad financiera, y protegernos contra el impacto negativo de un suceso único, como ser despedidos.

También puede ser una modalidad de bajo riesgo para lanzar y probar una idea de negocios. En lugar de abandonar nuestro empleo para abrir un negocio, podemos comenzar lentamente probando el mercado, repitiendo qué servicios ofrecemos y qué precios cobramos, y desarrollando luego ingresos y clientes de manera paralela. Sharon comenzó su propio negocio como una actividad adicional. Trabajaba en relaciones públicas durante el día, pero su verdadera pasión era escribir. Siendo ella misma una escritora, le apasionaba ayudar a otros escritores a tener éxito. Aprovechó sus habilidades de escritura y relaciones públicas y comenzó a dirigir talleres de autopublicación y discusiones sobre cómo los escritores pueden promover su trabajo ante los medios de comunicación y crear la conciencia que necesitan para vender sus libros. Los asistentes a sus talleres vieron el valor de invertir en alguien con la experiencia de Sharon y comenzaron a acercarse a ella para dirigir campañas de relaciones públicas en toda regla a fin de publicitar sus libros. Casi dos años después, Sharon ha dejado su trabajo diurno y ha puesto en marcha su propia empresa dedicada enteramente a relaciones públicas para autores. Ella permanece fiel a su método amistoso y comunitario, ofreciendo tarifas asequibles y capacitación personal para sus clientes. Su empresa está prosperando.

Cree una seguridad de ingresos manteniendo los costos fijos bajos

La naturaleza variable y cambiante del trabajo en la economía gig no resiste fácilmente un estilo de vida altamente apalancado y de costos fijos altos. Comprometerse a hacer altos pagos mensuales de deudas o gastos generales fijos es difícil, arriesgado y estresante si usted no sabe y no puede confiar en la cantidad de ingresos que generará cada mes o cada año. Discutiremos estos temas en detalle en el capítulo 8, pero —¡como un anticipo!— crear una sensación de seguridad de ingresos nos obliga a repensar cómo pensamos en el dinero.

La seguridad de ingresos tiene lugar cuando mantenemos nuestros costos fijos bajos y manejables, por lo que los ingresos necesarios para cubrirlos son razonablemente fáciles de obtener. Cuando entrevisté a trabajadores independientes en la economía gig —desde autores y conferencistas con actividades de consultoría lucrativas hasta trabajadores por cuenta propia recién graduados con niveles de ingresos más bajos— todos enfatizaron la importancia de mantener una vida financiera austera que sus ingresos irregulares y variables pudieran cubrir fácilmente. Dado que todos los empleos son inseguros, nunca podemos confiar plenamente en mantener un flujo constante y nivelado de ingresos a lo largo de nuestras vidas laborales. Planeamos para tener ingresos variables, y mantenemos bajos nuestros costos fijos para hacerles frente a nuestros cambios en materia de ingresos.

Entre con una estrategia de salida

Diseñar una estrategia de salida nos obliga a considerar y planear lo que sucede a continuación. Esto nos garantiza que no seremos tomados por sorpresa o estaremos desprevenidos ante un despido, reducción, fusión o reorganización repentina. Saber que contamos con un plan de salida aumenta nuestra sensación de seguridad y control.

El punto crucial del concepto de estrategia de salida es abordar cualquier compromiso con una salida en mente. Cuando abordamos cualquier compromiso de esa forma, esto le da claridad a nuestra toma de decisiones: es menos probable que nos sintamos atrapados, y es menos probable que nos pongamos en situaciones que limiten nuestras opciones en lugar de expandirlas. Esto puede parecer contradictorio para aquellos que están profundamente arraigados en una mentalidad de empleado, pero una buena práctica es desarrollar una estrategia de salida para dejar su empleo en el instante en que es contratado.

En el mundo de las inversiones, una estrategia de salida es un concepto común a tener en cuenta al momento de invertir. Cuando usted compra acciones a diez dólares cada una, lo hace con un plan para venderlas, o considerar venderlas, cuando alcancen un precio que le den la rentabilidad que está buscando. Usted compra la inversión con el precio de venta en mente.

Tener una estrategia de salida es también la norma en el mundo de las empresas emergentes. Cuando los empresarios están recaudando dinero de los inversores para hacer crecer sus empresas, les preguntan por sus estrategias de salida: ¿planean vender la empresa? ¿Hacerla pública? ¿Cuándo? Tener una estrategia de salida no significa que el empresario no esté totalmente comprometido con su empresa, y el plan de salida puede cambiar en función de la nueva información, pero definir una estrategia de salida explícita desde el principio garantiza que todo el mundo trabaje hacia un objetivo común y definido, y que los hitos en el camino estén claramente identificados y medidos.

Las estrategias de salida se pueden crear para casi todo en nuestras vidas. Si su cónyuge no es de su agrado, usted puede divorciarse (o separarse). ¿Detesta esos viajes que le amargan la vida hasta su trabajo tóxico? Venda su casa o su auto. Renuncie a su trabajo. O haga estas tres cosas. Mejor aún, instaure un plan para hacer las tres cosas dentro de un año. Las estrategias de salida se ejecutan mejor cuando se planean por adelantado.

Tenemos el poder para hacer borrón y cuenta nueva en cualquier momento y empezar de cero. Tener esa opción no minimiza ni disminuye el esfuerzo, la energía, las pérdidas y los altos costos (emocionales y financieros) que pueden resultar de los finales, el cierre de capítulos y las transiciones a una nueva fase en la vida. Las salidas pueden ser dolorosas, hirientes, difíciles y caras. También pueden ser liberadoras, bienhechoras y llenas de posibilidades. Sin embargo, sea cual sea su situación, es importante reconocer explícitamente que las salidas son posibles (e inevitables) y que debería planear para ellas desde el principio.

Cree una estrategia de salida para dejar su trabajo

El hecho de que nuestros empleos carezcan de seguridad nos produce inseguridad. Nos preocupamos y estresamos porque podríamos perder nuestro empleo y terminar desempleados. En lugar de preocuparse, es más productivo canalizar esa energía para aceptar que los empleos son inseguros y prepararse para cambiar de trabajo con frecuencia. Los trabajadores de la economía gig necesitan saber cómo dejar el trabajo de una manera agradable. No estamos muy casados con una empresa, sino más bien somos monogámicos en serie (¡y tenemos citas extraoficiales!). Podemos esperar tener relaciones secuenciales de corto a mediano plazo con varias firmas a lo largo de nuestras carreras, además de nuestro portafolio de trabajos independientes. Sabemos esperar el cambio. Podríamos también prepararnos para este.

Mientras más práctica tengamos en desarrollar la habilidad de renunciar a un empleo y seguir adelante, mejor seremos en eso, nos sentiremos más cómodos, y resultará menos estresante. Renunciar a un empleo es semejante a mudarse de casa. Si nos mudamos con poca frecuencia, nos podría parecer abrumador y estresante. Nos sentimos arraigados en nuestra situación actual y tal vez ni siquiera sabemos por dónde empezar. No podemos decidir si debemos guardar todos nuestros zapatos o solo veinte de ellos. Empacamos cincuenta libros en una caja de cartón y nos damos cuenta de que no podemos levantarla. Cuando nos mudamos con frecuencia, aprendemos qué hacer para que todo resulte más fácil, más sencillo y menos estresante. Aprendemos a viajar livianos y a no acumular demasiadas cosas. Sabemos cómo empacar y aprendemos qué medidas tomar para asegurarnos de que el proceso se realice sin problemas. Mientras más nos mudamos, mejor lo hacemos y menos estresante es. Prepararnos para cambiar de empleo nos ayuda, ya sea que salgamos de manera voluntaria o involuntaria si somos despedidos.

Casi todas las personas sueñan con dejar su trabajo en algún momento. Hay buenas razones para hacerlo: porque no hay oportunidades de avanzar, la curva de aprendizaje se ha aplanado, la remuneración o las responsabilidades se han estancado, o hemos adquirido suficientes habilidades y experiencia para conseguir un mejor empleo o un mejor salario si nos marchamos. Podríamos estar en el empleo equivocado, en una empresa tóxica, o trabajar con un mal jefe. También hay malas razones para renunciar a un trabajo. Renunciar de manera impulsiva o debido a la frustración podría ser perjudicial, ya que puede quemar puentes, deteriorar relaciones y dejarnos peor que si hubiéramos permanecido en el empleo.

La clave en cualquier caso es aprender a ser un buen renunciante, y la forma de lograrlo es planeando con anticipación. Ahorre todo lo que pueda, manténgase en una «campaña permanente» en busca de su próxima oportunidad, y tenga lista una buena estrategia de salida. Trate bien a su empleador avisándole con antelación y esforzándose por marcharse en buenos términos. El dicho de que usted es solamente tan bueno como lo fue en su último trabajo es cierto, así que las relaciones positivas y las buenas referencias son dignas de preservarse. Podemos esperar renunciar varias veces durante el transcurso de nuestras carreras. Así que aprenda a hacerlo bien.

Los despidos son una salida mucho más atractiva que el hecho de renunciar, porque al ser despedidos es la única vez que nos pagan para dejar un empleo. Ser despedido de un empleo profesional por lo general incluye el hecho de recibir un paquete de beneficios financieros a fin de amortiguar el golpe de la pérdida del empleo. Muchas compañías ofrecerán indemnizaciones, pagos de vacaciones no utilizadas y cualquier bonificación prorrateada, así como la posibilidad de mantener un seguro de salud a través de COBRA. Los empleados despedidos también suelen tener derecho a cobrar seguro de desempleo por varios meses (la cantidad exacta de tiempo varía según el estado). Estos pagos tal vez no sean equivalentes a nuestro anterior nivel de ganancias, pero pueden brindarnos una protección financiero mientras encontramos una nueva oportunidad o alcanzamos otras metas. Si encontramos otro trabajo o empleo de inmediato, los pagos acumulados de un despido pueden ser una ganancia financiera inesperada. Si no estamos preparados o vivimos por encima de nuestros medios, cualquier despido o interrupción en el trabajo puede resultar devastador. No obstante, si estamos preparados para el cambio y tenemos una estrategia de salida, un despido puede ser una experiencia positiva y una buena oportunidad.

A fin de prepararse para dejar su empleo, ya sea que haya renunciado o lo hayan despedido, complete el siguiente ejercicio.

EJERCICIO

Cree una estrategia de salida para dejar su trabajo

PASO 1

Imagine que va a dejar su empleo en seis meses. Escriba una lista de las tareas que necesitaría hacer para prepararse. Asegúrese de abordar cada una de las siguientes categorías:

◆ **Profesional:** ¿Qué me gustaría hacer a continuación? ¿Qué puedo hacer ahora para empezar a crear mi próxima oportunidad? ¿Qué actividades paralelas me ayudarán a posicionarme para mi próxima oportunidad? ¿Qué iniciativas en redes de trabajo/de conexión debo emprender? ¿A quién debo contactar?

◆ **Financiera:** ¿Cuánto debo ahorrar? ¿Qué oportunidades puedo perseguir ahora para aumentar mis ingresos? ¿Qué cambios financieros puedo hacer a fin de reducir mis gastos y qué tan pronto puedo llevarlos a cabo? ¿Qué beneficios médicos y otros beneficios laborales puedo aprovechar antes de dejar mi trabajo?

◆ **Personal:** ¿Qué cambios en mi estilo de vida, alojamiento o ubicación tendría que hacer?

PASO 2

Revise las listas de tareas del Paso 1. Comience a hacerlas.

Si conoce a personas que han dejado sus empleos y parecieron hacerlo en buenos términos, invítelas a un café y haga este ejercicio con ellas. ¿Qué hicieron a fin de prepararse en lo profesional, financiero y personal para renunciar? ¿Cómo se prepararían de un modo diferente la próxima vez? ¿Cuáles son sus recomendaciones, sugerencias y mejores prácticas?

Cambiar de trabajo cada pocos años nos mantiene competitivos. Nos obliga a desarrollar nuevas habilidades de manera constante, expandir nuestras redes de contactos y estar al tanto de las demandas actuales del mercado. Cambiar de empleo puede ayudarnos a ganar más dinero. Particularmente entre los trabajadores más jóvenes que se encuentran más o menos en la primera década de sus carreras, el cambio de trabajo genera altos niveles de crecimiento salarial.[16] La razón es que una vez que usted forma parte de una empresa, los aumentos salariales por lo general se limitan a las normas de la compañía, aunque tenga un alto desempeño, por lo que la mejor manera de obtener los mayores aumentos en una remuneración es cambiar de empleo.

Cree una estrategia de salida para reducir la incertidumbre
Cuando nuestro futuro parece ser incierto, en lugar de ver la oportunidad para el cambio, podemos ser presa de ciertos prejuicios cognitivos que limitan nuestra capacidad de aprovechar al máximo nuestra situación. Paul Schoemaker, autor de *Profiting from*

Uncertainty [Benefíciese de la incertidumbre], identifica dos prejuicios cognitivos alrededor de la incertidumbre que nos limitan. Él se refiere a ellos como nuestros «ojos miopes y almas tímidas».[17]

Schoemaker afirma que no somos claramente capaces de imaginar, visualizar y soñar las oportunidades potenciales que surgen de las situaciones inciertas, ya que nos anclamos en la información actual y excesiva que está fácilmente disponible. Tenemos problemas para ver más allá del presente inmediato y lo que está justo delante de nosotros. Esos son nuestros ojos miopes. Pasar tiempo creando estrategias de salida nos ayuda a superar esta miopía alentándonos a imaginar posibles oportunidades futuras como parte de una práctica deliberada y continua.

Nuestras almas son tímidas porque somos más sensibles a la pérdida que a la ganancia y tenemos una aversión muy fuerte a la ambigüedad. Preferimos el trabajo estable sobre el variable, incluso cuando este último nos ofrece mayores recompensas. En términos más concretos, eso significa que muchas personas elegirían un trabajo estable con un salario más bajo que un trabajo más lucrativo, pero variable, independiente o de consultoría. Una buena estrategia de salida es un plan definido y concreto que pueda disminuir nuestra ambigüedad y darles valor a nuestras almas tímidas.

Cree su propia red de seguridad

Nuestro mercado laboral está estructurado para que los empleadores reciban incentivos fiscales a fin de brindarles a sus empleados beneficios como salud, discapacidad, seguro de vida y planes de jubilación. Los trabajadores que no tienen un empleo tradicional a tiempo completo y acceso a los beneficios suministrados por un empleador tienen que crear su propio paquete de beneficios personalizados y portátiles. El seguro de salud y las cuentas de ahorro de jubilación son cosas a las que resulta fácil acceder como un trabajador independiente, y es posible, pero mucho más caro, adquirir otros beneficios comunes en el mercado privado. Muchos de estos beneficios varían según el estado, por lo que usted debería evaluar sus opciones investigando las políticas y ofertas de su estado y trabajando con un profesional financiero o abogado.

Asistencia médica: El acceso al seguro médico es uno de los beneficios más importantes para los trabajadores. La Ley del Cuidado de Salud a Bajo Precio les permite a los individuos comprar un seguro médico y dental a través de intercambios de salud estatales. Los planes disponibles y las primas varían según el estado. Los subsidios para comprar una cobertura de seguro de salud o la opción de inscribirse en Medicaid están disponibles si usted califica basado en sus ingresos.

Planes de ahorro para la jubilación: Esto se trata con mayor detalle en el capítulo 10, pero los individuos pueden ahorrar para la jubilación luego de crear y hacer contribuciones a cuentas de ahorro para la jubilación. Además de sus contribuciones como individuo, usted puede hacer una contribución concordante con la del empleador si ha creado una entidad de negocios separada.

Protección por desempleo: Los trabajadores autónomos y los contratistas independientes no están obligados a pagar los impuestos federales y estatales por desempleo, por lo que no son elegibles para los beneficios de desempleo que cubren esos impuestos. Los trabajadores independientes se «autoaseguran» para el desempleo, lo que significa que ellos mismos lo pagan al ahorrar y acumular una protección financiera para tiempos de poca actividad.

Vale la pena señalar que muchos trabajadores independientes no están en riesgo de desempleo en el sentido tradicional. Antes de la aparición de la economía gig, perder su empleo significaba pasar del 100% de su ingreso regular al 0%. Si su único empleador lo despedía, usted no tenía trabajo ni ingresos. Ahora muchos trabajadores tienen múltiples flujos de ingresos: un trabajo a corto plazo, una actividad adicional, rentar su apartamento en Airbnb, por lo que, si pierde su empleo, sus ingresos podrían disminuir al 50% de lo que eran, o al 30%, pero sería raro que se redujeran a cero. La economía gig no elimina el desempleo, pero puede mitigarlo.

Licencia remunerada (enfermedad, personal, vacaciones): Los trabajadores independientes deciden cuándo y cuánto tiempo se ausentan del trabajo, dependiendo de sus metas de ingresos y de lo bien que vaya su negocio. Su tiempo libre no es algo que *reciben* como un beneficio, sino algo que planean y *toman*. Por ejemplo, cuando yo vivía en el Medio Oeste, la tienda de helados era propiedad de una pareja que trabajaba como locos durante los ocupados meses cálidos y del verano, y luego cerraba cada año de diciembre a marzo: cuatro meses libres al año. Ellos podían mantener ese horario de trabajo luego de establecer una vida que podían respaldar con los ingresos que ganaban solo durante los ocho meses que abrían.

De manera similar, Lauren es consultora independiente. Le tomó un tiempo encontrar exactamente la configuración correcta, pero después de algunos ajustes se ha dedicado a establecer un objetivo anual de ingresos que cubra sus gastos. Ella ha optado por organizar una vida que puede pagar con diez meses de ingresos, lo que le da cierta protección para cubrir sus gastos, incluso cuando su negocio no está en auge. En general, Lauren establece una meta de ingresos que piensa que puede cumplir en octubre y organiza su presupuesto para permanecer dentro de esos límites. Suele saber a mediados del año —en junio— si está en camino de cumplir con su meta de ingresos. Esa revisión a mitad de año la ayuda a averiguar cuánto tiempo puede tener libre en el verano y las vacaciones. Si está por debajo de sus proyecciones de ingresos, limita su tiempo libre y aumenta la actividad de su negocio para tratar de reducir la brecha durante la segunda mitad del año. Si está por delante de sus proyecciones de ingresos, ¡buena suerte si la encuentran en julio y agosto!

Seguro de incapacidad: Al igual que cualquier seguro, usted puede adquirir una cobertura de incapacidad en el mercado privado, aunque las pólizas individuales son caras. También es posible que sea más difícil obtener una buena cobertura si sus ingresos varían significativamente, y las pólizas pueden variar en función de lo que cubren (por ejemplo, si se considera que usted está incapacitado cuando no puede hacer ningún trabajo o solo cuando no puede realizar el suyo), por lo que es mejor hablar con un profesional financiero o de seguros para asegurarse de entender los detalles de la póliza que compra. El lado positivo es que si usted obtiene un seguro individual de incapacidad y paga primas con dinero después de impuestos, los beneficios que recibe son generalmente libres de impuestos.

Seguro de vida: Una vez más, como con la mayoría de los seguros, usted puede adquirir seguros de vida en el mercado privado o posiblemente a un precio más bajo a través de organizaciones de afiliación (organizaciones de antiguos alumnos, asociaciones profesionales). Para los lectores que llevan poco tiempo en sus carreras o que se hayan graduado recientemente, el seguro de vida podría ser una protección menos importante. Los lectores con personas a su cargo, ya sean padres ancianos, niños, o un miembro de la familia con discapacidad, pueden querer priorizar la cobertura continua.

Indemnización laboral: El seguro de indemnización laboral está disponible si usted trabaja para un empleador; de lo contrario, si resultara lastimado en el trabajo, su única opción real es presentar una demanda. Usted no puede adquirir una indemnización laboral en el mercado privado. Si se estructura a sí mismo como un negocio y contrata empleados, puede (dependiendo de su estado y negocio) ser obligado a comprar un seguro de indemnización laboral.

Además del paquete de beneficios corporativos tradicional, los empleados a tiempo completo y a tiempo parcial reciben numerosas protecciones que no tienen los contratistas ni los trabajadores independientes. Los empleados están cubiertos por el salario mínimo y las reglas de horas extras, cuentan con protección contra la discriminación, el acoso y las lesiones en el sitio de trabajo, y a menudo están cubiertos bajo la Ley de Licencia Médica Familiar. Estas protecciones no están disponibles para los trabajadores independientes.

Si nos involucráramos en un experimento mental y diseñáramos un sistema de beneficios y protecciones para los trabajadores actuales a partir de cero, nunca requeriríamos que los trabajadores tuvieran un único empleador y un empleo tradicional para acceder a ellos. Cuando se examina a la luz del día, nuestro método para proporcionar beneficios a los trabajadores es irremediablemente anticuado, ineficiente y susceptible de colapsar. Este sistema inflexible puede mantener a los trabajadores atrapados en empleos que no les gustan solo para acceder a beneficios clave, y obliga a los empleadores a estructurar su fuerza laboral en torno a las obligaciones de proporcionar y pagar los beneficios. El esfuerzo necesario para reestructurar este sistema para las demandas de la fuerza laboral actual resulta monumental, pero necesario.

Mientras tanto, ya estamos viendo algunas innovaciones y nuevas opciones por parte del sector privado para ayudar a los trabajadores independientes a crear paquetes de beneficios personalizados. Peers.org es una empresa emergente que ayuda a los trabajadores a organizar paquetes de beneficios a la carta, incluyendo salud, visión y seguro dental, así como beneficios de jubilación. También promete ayudar a los trabajadores a consolidar las contribuciones de los beneficios de los distintos flujos de ingresos. Freelancers Union, Stride Health y Honest Dollar son otras organizaciones y empresas emergentes que están creando plataformas y soluciones en línea para ayudar a los trabajadores independientes a obtener beneficios. A medida que la economía gig continúa desagregando a los trabajadores de los empleos, podemos esperar el surgimiento de una mayor demanda y más opciones para adquirir beneficios personalizados y transferibles.

LA SEGURIDAD DE INGRESOS REPRESENTA LA NUEVA SEGURIDAD LABORAL

Para acceder al paquete completo de beneficios, derechos y protecciones, los trabajadores deben tener un empleo tradicional a tiempo completo. Sin embargo, los empleos son inseguros e inestables. Eso significa que los trabajadores deben crear su propio sentido de confianza a través de su capacidad de generar ingresos y su propia red de seguridad de beneficios a partir de lo que está disponible en el mercado privado.

Mientras piensa en crear su propia seguridad, considere lo siguiente:

➤ ¿He aceptado la realidad de que la seguridad laboral no existe?
➤ ¿Cómo puedo crear una seguridad de ingresos?
➤ ¿Tengo una estrategia de salida para mi trabajo o empleo actual?
➤ ¿Qué tan fuerte es mi red de seguridad, y cómo puedo fortalecerla más?

• *Capítulo cuatro* •

CONÉCTESE SIN UNA
RED DE CONTACTOS

He descubierto que el aspecto más agotador de la vida es ser insincero.

—ANNE MORROW LINDBERGH, *Regalo del mar*

Las presentaciones amistosas y las indicaciones eficaces son la moneda de la economía gig. Confiamos en que otras personas piensen en nosotros, nos refieran a proyectos y trabajos potenciales, sean nuestros mentores y nos conecten con instituciones, colegas y empresas que nos ofrezcan nuevas oportunidades. Si queremos crear cualquier movimiento o cambio en nuestras vidas —como encontrar un nuevo empleo, mudarnos a una nueva ciudad o barrio, o entrar a una nueva industria— es más fácil con la ayuda de otras personas.

En la economía gig sabemos esperar cambios constantes. Los empleos son inseguros, y el trabajo variable es cada vez más común. Siempre estamos atentos a nuevas oportunidades, actividades adicionales y posibilidades de trabajo, por lo que nuestras redes y conexiones laborales son esenciales para nuestro éxito. Es difícil confiar solamente en un currículum convincente o ser escuchado en medio del ruido persistente de los medios sociales. Es mejor cultivar nuestras conexiones y redes de personas que nos conocen, aprecian y pueden ayudarnos a encaminarnos hacia buenas oportunidades.

Una buena red de contactos es amplia y profunda. Mark Granovetter, sociólogo de Stanford, describió mejor los beneficios de estas dos cualidades en su artículo trascendental «La fuerza de los lazos débiles».[1] Nuestras conexiones profundas provienen de lo que él llama *lazos fuertes*. Son limitados en número y están formados por las personas que conocemos mejor y con las que interactuamos más frecuentemente, como los cónyuges, amigos cercanos y colegas actuales. Los lazos fuertes son importantes emocionalmente y resultan esenciales como la columna vertebral de cualquier vida satisfactoria. Sin embargo,, según Granovetter, no constituyen una buena fuente de nuevas ideas, perspectivas y oportunidades, porque están integrados por personas que son demasiado parecidas a nosotros. Nuestros lazos fuertes existen en la misma órbita y mundo que nosotros; conocen a las mismas personas y comparten la mayoría de nuestras perspectivas.

Tener una amplia red de contactos es importante, ya que introduce los beneficios de los *lazos débiles* en nuestra vida. Los lazos débiles son nuestros conocidos, no nuestros amigos. Ellos son el colega con el que se reunió un par de veces mientras trabajaban juntos en un proyecto, o el vecino con el que se encuentra de vez en cuando en la calle. Usted los conoce y tienen algo en común, pero no interactúan con frecuencia y no es emocionalmente cercano a ellos. Resulta que los lazos débiles son la clave para las nuevas oportunidades. En su investigación, Granovetter observó la manera en que las personas encontraban nuevos trabajos. Menos del 20% de esas nuevas oportunidades provenían de lazos fuertes; el 80% restante se originó de los lazos débiles. Para la mayoría de nosotros, las conexiones profundas con amigos y familiares vendrán naturalmente. Debemos cultivar y mantener nuestros lazos más débiles.

Conexión de entrada

Cuando la mayoría de nosotros pensamos en las redes de contactos, nos imaginamos en grandes salas de conferencias con una copa de vino de mala calidad y un montón de extraños tratando de averiguar con quién debemos hablar. Una manera más efectiva de abordar las conexiones es evitando esos eventos y aplicando el marco digital de entrada y salida del mercadeo a la conexión.[2] El mercadeo de entrada tradicional confía en que los clientes potenciales sean «atraídos» a la compañía por el contenido interesante y relevante que la compañía crea. Una vez que los clientes potenciales llegan, la empresa intenta convertirlos en clientes.

De manera similar, la conexión de entrada se basa en «atraer» a las personas hacia nosotros a través del contenido que creamos. Hay muchas maneras de establecer una conexión de entrada: escribiendo artículos, blogs, siendo activos en las redes sociales, dando conferencias u organizando eventos. A través de estas plataformas, la gente puede buscarnos, conectarse con nosotros y entablar una relación. La conexión de entrada favorece a los introvertidos que pueden preferir menos interacciones en persona y apreciar el tiempo para pensar en sus posiciones y puntos de vista antes de compartirlos.

Conexión de entrada a través de la escritura

Deténgase un momento y reflexione sobre los boletines, artículos y publicaciones que lee en su industria. Es probable que pueda identificar a algunos expertos bien conocidos simplemente porque lee sus artículos, boletines informativos o columna mensual. En mi industria de capital de riesgo (CR), la escritura se ha convertido en una forma popular de construcción de marca y de llegar a los CR individuales y sus empresas, ya que actualmente hay cientos de blogs sobre CR. La compañía de datos CB Insights ha incluso clasificado y descrito a ochenta y nueve de los más activos en la Tabla Periódica de Blogs de Capital de Riesgo, como un recurso para la industria.[3] La escritura es una manera poderosa de involucrarse con los demás, comenzar y unirse a conversaciones, así como de asociarse, pero a menudo es subestimada como una herramienta para establecer redes de contactos.

Escribir no tiene por qué ser desalentador. No es necesario empezar con un libro o incluso con un artículo. Puede ser algo tan breve y limitado como estar activo en Twitter, creando tuits de 140 caracteres que lo involucren en conversaciones, publiciten y respalden el trabajo de otros, o expongan su punto de vista. Usted puede trabajar gradualmente hasta llegar a piezas más sustantivas como escribir artículos, comenzar un boletín de noticias, o un blog.

La manera más fácil de comenzar a escribir es seguir las tres C, en orden:

PASO UNO: Cure. El objetivo de este paso es simplemente identificar y empezar a seguir a las personas y conversaciones que usted disfruta y piensa que son interesantes. Mire a su alrededor en las redes sociales y las publicaciones de la industria para encontrar personas cuyos puntos de vista considere que estimulan el pensamiento y las conversaciones que a usted le gusta seguir. La curaduría es una actividad continua, no un acontecimiento único.

PASO DOS: Comente. Una vez que haya hecho la curaduría de personas y conversaciones interesantes, escuche un rato. Observe los temas, la frecuencia con la que interactúan las personas, el tono de las conversaciones y quiénes son los líderes. Cuando sienta que entiende los temas y el tono y tiene algo que aportar, únase a la conversación y haga comentarios. Participe con blogueros y periodistas escribiendo comentarios reflexivos en sitios web, responda a sus tuits y ofrezca enlaces interesantes a artículos. El objetivo de este paso es entrar al ecosistema y comenzar a interactuar y a participar de una manera reflexiva y sustantiva. La mayoría de los escritores acogen observaciones inteligentes, preguntas y observaciones sobre su trabajo, y están abiertos a la participación de los lectores que los proporcionan.

PASO 3: Cree. El paso final es crear su propio contenido original en torno a los temas y las conversaciones que le interesan. ¿Qué perspectivas, puntos de vista o análisis puede contribuir a las conversaciones que ha estado siguiendo? Puede compartir su contenido a través de una publicación en un blog o discusiones en Twitter. Los medios sociales son el lugar más fácil para comenzar, ya que podemos presionar nuestro propio botón de publicación y empezar una conversación digital sobre cualquier tema con casi cualquier persona.

Los artículos pueden requerir más trabajo para ser publicados, pero su alcance más amplio puede valer la pena el esfuerzo adicional. Si tiene más facilidad para la oratoria que para la escritura, grabe cada charla que dé y luego haga que la transcriban. Casi cualquier charla puede servir como borrador para un artículo. Si usted es un orador natural, hablar es una manera fácil de pasar a la escritura. Una vez que tenga un artículo, decida si tiene sentido publicar su trabajo en un sitio de noticias generales o si debe dirigirse a publicaciones específicas del sector. De cualquier manera, trate de publicar en la plataforma de mejor calidad que pueda. Contacte primero a los editores de sus sitios preferidos y muéstreles lo que escribió. Si sus medios preferidos no están interesados en publicar su artículo, vaya bajando en su lista de preferencias hasta que logre una aceptación.

La escritura puede ser una manera eficaz de incrementar su exposición, aumentar su perfil y generar otras oportunidades como trabajos independientes relacionados con la oratoria. Al establecerse como alguien con un punto de vista, una perspectiva para compartir y algo que decir, usted llegará a ser una persona con la que otros quieren conectarse. Pasará de ser la persona que escribe los comentarios a la persona que los recibe.

Conexión de entrada a través de la conversación

Susan Cain es introvertida. Ella es la autora de *El poder de los introvertidos en un mundo incapaz de callarse*, y su «felicidad» consiste en escribir, investigar y leer. Sin embargo, es la oradora de una de las charlas TED más populares, con más de trece millones de reproducciones. ¿Cómo lo hizo? Tal como Susan lo describe, superó su miedo de toda la vida a hablar en público (que muchos de nosotros compartimos) entrenando y practicando por espacio de un año.[4] Ella lo llama su «año de hablar peligrosamente», e implicó ser miembro de Toastmasters, entrenar y practicar en cada oportunidad que pudiera. Esto funcionó. La historia de Susan ilustra los pasos esenciales al comenzar a hablar: empiece en pequeña escala y practique.

Sin embargo, hagamos a un lado la etapa TED y volvamos a esa imagen anterior durante la noche interminable estableciendo redes de contactos en una gran sala de conferencias. Ahora imagine que usted fue un orador en el evento, no simplemente un asistente. De repente, la imagen cambia. Ahí está usted, sosteniendo su copa de vino barato, y otros asistentes se acercan y lo buscan. Ya no tendrá que merodear, tratando de decidir con quién hablar o cómo participar en una conversación existente. Las conexiones vienen a usted. Es un cambio poderoso.

Ser orador en un evento también lo conecta automáticamente como un igual con todos los demás oradores. Muchos eventos organizan cenas o recepciones de oradores para facilitar esas conexiones. Ser un orador es la manera más fácil y efectiva de conocer, relacionarse y conectarse con todos los oradores de su evento.

Las tres C de la escritura también se aplican para hablar:

PASO UNO: Cure. Al igual que el paso de la curación en la escritura, el objetivo es familiarizarse con sus eventos de oratoria en la industria, los oradores habituales y los temas populares. Para ello, asista a conferencias y eventos de redes de contactos y adquiera una idea de cuáles son los temas, quién está hablando y quiénes están en la audiencia. Evalúe el nivel de habilidad de los oradores y la variedad de formatos de oratoria (charlas individuales, con o sin PowerPoint, paneles, mesas redondas, entrevistas, etc.). Adquiera un sentido sobre el tipo de eventos en los que se sentiría cómodo hablando. A veces resulta más fácil imaginarse comenzando a hablar en eventos más pequeños de su campo que en grandes conferencias de toda la industria.

PASO DOS: Comente. Comentar es un método mayormente subutilizado para conectarse con los oradores. Si ha disfrutado del discurso de alguien o le ha parecido que lo que la persona dijo es interesante o motivador, haga un seguimiento de los comentarios posteriores al evento en un correo electrónico o en Twitter. Por lo general, después de un evento de oratoria hay una multitud de personas alrededor de los oradores, haciendo preguntas e intercambiando tarjetas de negocios. Ese no es el momento para participar en una conversación sustancial o esperar hacer una presentación memorable. Más bien, utilice ese tiempo para obtener la información de contacto de los oradores si no está disponible en sus biografías o no se encuentra fácilmente en línea.

Reserve su seguimiento sustancial para después del evento, cuando usted reciba la atención completa del orador y no sea uno más entre la multitud. Envíe un correo electrónico atento destacando los puntos más interesantes que anotó a partir de los comentarios del orador. Ha sido una sorpresa para mí como oradora el hecho de que sorprendentemente pocos asistentes sacan tiempo para hacer un seguimiento después de un evento con comentarios relevantes y una pregunta bien formulada. Sea una de esas pocas personas. Obtendrá la atención del orador y muy probablemente le dará una respuesta.

PASO 3: Cree. Hay dos maneras de acercarse a los trabajos independientes relacionados con la oratoria. La primera es centrarse en su preparación para ser un panelista, lo que requiere que usted tenga un campo claro de experiencia o una posición bien definida en la industria y algunas perspectivas o puntos interesantes que pueda compartir en su tema. La segunda es prepararse para dar una charla completa o un discurso individual, lo que significa construir una plataforma en PowerPoint o escribir la historia que quiere contar. Si usted es un escritor por naturaleza y ya ha publicado artículos y perspectivas, podría ser más fácil convertir un artículo en una charla. El flujo y la trayectoria de la escritura y la oratoria pueden ser similares.

Hay algunos pasos más para poder obtener trabajos independientes relacionados con la oratoria. Una vez que tenga un tema o puntos de conversación en mente, evalúe sus habilidades para hablar. Algunas personas son oradores públicos naturales y disfrutan de estar en el escenario. El resto de nosotros somos como Susan y nos ocupamos de los nervios, el pánico escénico y un miedo general a hablar en público. Este miedo puede superarse con la práctica. Busque oportunidades relativamente seguras para empezar a hablar. Manténgase atento a la posibilidad de hablar frente a grupos pequeños que conozca bien o dé una charla en una organización sin fines de lucro que sea de su interés. Ofrezca ser conferencista invitado en una universidad local, o dé una pequeña charla sobre su industria en los servicios profesionales. Empiece dondequiera que se sienta más cómodo y desarrolle sus habilidades de oratoria a partir de ahí.

Una vez que usted se sienta seguro de que sus habilidades para hablar son aceptables, comience a contactar amigos y colegas que trabajen en este campo para hacerles saber que está interesado en caso de que ellos se enteren de cualquier oportunidad. A la mayoría de los oradores habituales se les pide que hablen en más eventos de los que pueden asistir, y es útil remitir al organizador a otro orador. También puede comunicarse directamente con la conferencia o los organizadores del evento para expresar su interés en ser orador o panelista. En ambos casos, identifique los temas que estaría calificado para discutir y revele su nivel de experiencia en materia de oratoria para que pueda ser referido a los tipos adecuados de oportunidades.

Conexión de entrada siendo un anfitrión

Al igual que hablar, asumir el papel de anfitrión u organizador le da más visibilidad que ser un asistente, lo cual lo conectará con facilidad durante el evento y ayudará a que la gente lo recuerde después. También le permite curar. Si usted está organizando y decidiendo la lista de participantes e invitando a los oradores, puede identificar a personas que desea conocer por primera vez o mejor y conectarse con ellas.

Jayson Gaignard, autor de *Mastermind Dinners* [Cenas de mentes maestras], ha presentado un plan sobre cómo maximizar el potencial al organizar sus propios eventos.[5] Jayson comenzó a organizar cenas para de cuatro a seis comensales. Las cenas eran diseñadas de forma específica y con todo cuidado teniendo en cuenta a las personas con las que él quería reunirse y que deseaba llegar a conocer, y a aquellas que los invitados iniciales le referían. Su meta era armar su propia red de contactos y ayudar a las personas a conectarse. Desde que comenzó a organizar las cenas, Jayson se ha convertido en un evangelista del poder de conectar y establecer redes de contactos de manera deliberada. Él les agradece a las cenas y las personas que conoció por su éxito profesional.

Los eventos que usted organiza pueden ser grandes reuniones, cenas pequeñas, o incluso reuniones uno a uno. Dorie Clark, autora de *Stand Out* [Destáquese], sugiere ser anfitrión de su propio pequeño evento de redes de contactos invitando a una o más personas a unirse a usted en una actividad específica, como por ejemplo, asistir juntos a una actividad profesional o caminar juntos a la hora del almuerzo. La clave es que el evento se dé en sus propios términos e implique una actividad que usted disfrute y con la que se sienta cómodo. En lugar de reunirse para tomar un café, los eventos como estos son más atractivos para las personas que usted ha invitado, porque se ha ofrecido a crear y organizar una experiencia para ellas.[6]

Es posible que nunca eliminemos por completo las salas grandes y el vino de mala calidad, pero podemos tratar de minimizarlos por medio de la conexión de entrada a través de la escritura, la oratoria y el hecho de ser anfitriones.

Conexión de salida

El mercadeo de salida tiene lugar cuando una empresa «empuja» su mensaje hacia el mercado usando todos los canales que asociamos normalmente con el mercadeo: publicidad en línea y tradicional, patrocinio de conferencias, llamadas de ventas, y envíos masivos de correos electrónicos. Los clientes potenciales son generalmente receptores involuntarios de los mensajes de salida, por lo que este método se basa en llegar a un gran número de personas y generar una tasa de éxito, o tasa de respuesta, muy pequeña. Podemos pensar en conectarnos del mismo modo.

La conexión de salida implica una red tradicional de contactos. Es cuando asistimos a conferencias y eventos de redes de contactos con la esperanza de conocer gente y «empujar» nuestro mensaje hacia ellos. La conexión de salida favorece al extrovertido que disfruta de asistir a estos eventos, conocer gente nueva y promoverse a sí mismo. Si usted disfruta de la conexión de salida, las siguientes son algunas formas más específicas y eficaces de abordarla que asistir a grandes eventos.

Conexión de salida uniéndose a grupos curados

Si desea conectarse de manera más específica, conforme o únase a un grupo curado. Los grupos curados son eventos más pequeños y selectivos organizados en torno a un interés mutuo (por ejemplo, dirigir un grupo o club de lectura), una afiliación compartida (por ejemplo, grupos de antiguos alumnos o asociaciones de vecinos) o una red de contactos común (por ejemplo, eventos solo por invitación donde usted debe ser nominado por un asistente, como las TEDx). Los grupos curados hacen que la conexión sea más fácil, ya que usted comienza la interacción con un vínculo o interés común, por lo que es más probable que encuentre una forma auténtica de conectarse con personas que encajen mejor en su vida personal o profesional.

Conexión de salida mediante la tecnología del apalancamiento

La conexión de salida solía ser como un juego de números, algo parecido a una cita. Usted se hace presente, asiste a eventos de redes de contactos y conferencias, y espera conocer a personas interesantes y agradables. Esto puede ser difícil, porque la «tasa de éxito» de encontrar a alguien relevante en cualquier evento puede ser baja.

Actualmente, la tecnología está transformando estos eventos y proporcionándoles a los asistentes las herramientas para hacer conexiones de calidad incluso en grandes eventos. Conferencias enormes como South by Southwest (SXSW) ya están utilizando aplicaciones como SXSocial, que les ofrecen a los asistentes la capacidad de crear su propio perfil, elegir las mejores sesiones para asistir en función de sus intereses, e integrarse a sitios como Facebook para ayudar a identificar posibles conexiones que también asisten al evento. Las grandes conferencias de la industria están utilizando aplicaciones que les dan a los participantes la posibilidad de acceder a la lista de asistentes y oradores y enviarles mensajes privados de antemano para programar reuniones. En el momento en que llegan al evento, los asistentes ya pueden tener un calendario personalizado, una lista de reuniones y presentaciones en línea con otros asistentes. Esta tecnología está ayudando a convertir las grandes conferencias en oportunidades específicas, eficientes y curadas para conectarse.

Conexión de salida creando su propuesta de la economía gig

Los cargos laborales solían ser una manera fácil y abreviada de transmitir dónde estábamos en nuestras carreras y cuáles eran nuestras habilidades y competencias. Todo el mundo entendía lo que hacía un socio en un bufete de abogados o lo que significaba ser vicepresidente en una corporación local. En la economía gig, nuestras historias pueden ser más complicadas, pero el objetivo sigue siendo el mismo: contarle a la gente acerca de nosotros de una manera que sea memorable y agradable, y que les ayude a conectarse con nosotros. Queremos promocionarnos de una manera que sea convincente y auténtica.

Cuando los empresarios están recaudando dinero o adquiriendo clientes para su empresa emergente, se les aconseja elaborar un «propuesta de ascensor» que resuma su negocio y oferta de valor. El nombre proviene del caso imaginario de reunirse con alguien importante para su negocio en un ascensor. El desafío es tener listo un discurso convincente sobre usted o su negocio, o bien ideas que puedan transmitir en su totalidad mientras se encuentra en el ascensor. Al igual que las propuestas de ascensor, una propuesta personal es una declaración convincente que transmite su oferta de valor y sus habilidades.

> **Discurso tradicional:** Soy vicepresidente en un banco de inversión.
> **Discurso de la economía gig:** Ayudo a las empresas a recaudar el dinero que ustedes necesitan para financiar su crecimiento.

La diferencia es que el discurso tradicional depende de un cargo estático mientras que el argumento de la economía gig enfatiza qué valor ofrece usted, y a quién. El desafío del discurso de la economía gig es consolidar y resumir sus variadas experiencias laborales en una sola propuesta convincente:

> **Un mal discurso de la economía gig:** Enumerar todas sus actividades y proyectos de mercadeo durante los últimos años.
> **Un mejor discurso de la economía gig:** «Ayudo a las empresas tecnológicas a explicar en qué consiste su producto y el problema que resuelve para que puedan contratar a los clientes, inversionistas y empleados adecuados».

Diseñados para ser breves, los discursos personales nos dan la oportunidad de atar cabos y comunicar los temas comunes en nuestra narrativa.

La oferta y la pregunta

Ya sea que nos demos cuenta de ello o no, la forma básica en que nos conectamos con los demás es ofreciendo y preguntando. Le ofrecemos ayuda a alguien, y esa persona nos responde ofreciéndonos la suya cuando la necesitamos o la pedimos. Le ofrecemos apoyo y entusiasmo por sus logros, y esa persona ofrece lo mismo por los nuestros. Suena mecanicista en el papel, pero no en la vida real. Después de todo, es así como las comunidades se han forjado desde siempre. Le ofrezco una taza de azúcar cuando se le acabe, y usted me da un huevo cuando yo lo necesite. A la larga, con el paso del tiempo y las transacciones, nos convertimos en buenos vecinos, y luego en buenos amigos.

Nuestras ofertas y preguntas, al igual que nuestro anterior ejemplo del vecino, también pueden conducir a relaciones más profundas a través del tiempo. Por ejemplo, cuando conocí a Jessica, su primera pregunta al sentarnos a tomar un café fue: «¿Estás trabajando en algo que te entusiasme?». Tal vez esto no parezca una oferta a primera vista, pero lo era. Ella me estaba ofreciendo la oportunidad de evitar la charla introductoria habitual —qué haces, cuánto tiempo has estado allí, bla, bla, bla— y pasar a una conversación auténtica, sustancial y más personal. Acepté con entusiasmo y tuvimos la primera de muchas conversaciones divertidas, interesantes y comprometidas que nos llevaron a entablar una amistad.

Del mismo modo, cuando recientemente me encontré con una conocida, me preguntó si conocía a alguien en el comité de nominaciones para un premio local. Cuando le pregunté por qué, me dijo que sabía de una compañía local que estaba haciendo una gran labor y quería que fuera reconocida por eso. Esperaba encontrar una manera de que la empresa fuera nominada para el premio. Me impactó que acudiera a mí con una petición que no era para ella misma. Fue generoso y considerado de su parte, y es algo que recuerdo.

Estos ejemplos ilustran el aspecto que tienen las preguntas razonadas, interesantes e inspiradoras. No tienen que ser de gran alcance, requerir mucho tiempo o esfuerzo, o tener un costo. Pueden ser auténticas y honestas y conducir a unas relaciones personales genuinas. Así es como usted quiere conectarse.

Necesitamos la ayuda de otras personas para tener éxito en la economía gig, así que tenemos que ser buenos a la hora de pedirla. Tampoco queremos estar siempre en el extremo receptor de la ayuda, por lo que tenemos que aprender a hacer buenas ofertas para mantener nuestras redes de contactos equilibradas y sólidas.

La oferta

Las ofertas pueden variar enormemente, desde presentaciones importantes e indicaciones de clientes o financieras hasta pequeñas sugerencias como recomendar un libro, dar direcciones para encontrar la mejor cafetería en una ciudad a la que alguien viaja, o proveer un enlace a un artículo o charla relevante.

¿Qué es una buena oferta?

Una buena oferta demuestra que usted ya ha pensado cuidadosamente en la situación del destinatario y ha pasado algún tiempo evaluando cómo podría apoyarlo. Una buena oferta es aquella que el destinatario encuentra valiosa, útil y relevante. Es específica, razonada, y satisface una necesidad o resuelve un problema de la persona que la recibe. Por ejemplo:

No es una buena oferta: «Déjeme saber si puedo hacer algo para ayudarle».

Por qué no es una buena oferta: Es vaga, genérica e impersonal, y le traslada la carga al destinatario para definir y articular lo que quiere de usted.

Probabilidad de que esta oferta sea valorada: Baja.

Una oferta mejor: «Mi amigo John dirige el departamento de TI de la Compañía X. Si quiere, haré una presentación para que usted pueda mostrar su producto tecnológico y recibir sus comentarios».

Por qué es una buena oferta: Es razonada, clara, enfocada y específica, y le da un beneficio concreto al destinatario.

Probabilidad de que esta oferta sea valorada: Alta.

Particularmente temprano en sus carreras, algunas personas se quedan atascadas al sentir que no tienen nada que ofrecer o que no son expertas en nada, pero la verdad es que todo el mundo tiene algo que ofrecer. Las ofertas de ayuda interna como la corrección de un artículo, la investigación de un hecho en cuestión, sacar a la luz un viejo discurso que ha sido evasivo, o las referencias a los amigos que buscan pasantías o empleos a nivel básico, pueden ser muy valiosas en el momento adecuado. Es posible que usted no pueda tener una oferta para todos, y ciertamente no de inmediato, pero si la conexión es importante, escuche y con el tiempo encontrará una manera de ayudar.

La pregunta

Su pregunta es una solicitud de ayuda para seguir adelante con su vida actual, sus proyectos o trabajo. Tal vez su pregunta está relacionada con indicaciones laborales, recomendaciones para trabajos de consultoría, o presentaciones, referencias, información o experiencia. Tal vez usted necesita una buena recomendación para pasar unas vacaciones, referencias a un gran restaurante en otra ciudad, o perspectivas sobre su próximo paso.

¿Qué es una buena pregunta?

Para la mayoría de nosotros, es fácil tener ideas específicas sobre lo que necesitamos o deseamos. El desafío consiste en formular una buena pregunta que nos dé el resultado que estamos buscando. Una buena pregunta es específica, razonada, enfocada y respetuosa de las demandas que usted está haciéndoles al tiempo y la energía de la otra persona, y (si está pidiendo introducciones o referencias) al capital político o social. Por ejemplo:

No es una buena pregunta: «¿Tiene tiempo para tomar un café o almorzar? Me encantaría contar con su capacidad intelectual».

Por qué no es una buena pregunta: Es vaga, genérica, impersonal, y solicita una cantidad indefinida de tiempo y esfuerzo (reunirse en otro lugar que no sea la oficina del individuo).

Probabilidad de que esta pregunta tenga éxito: Baja.

Una pregunta mejor: «Acabo de leer la serie de artículos que usted publicó sobre las redes de contactos. Me encantaría tener la oportunidad de preguntarle acerca de su perspectiva sobre la conexión de entrada y entrevistarlo para un artículo que estoy escribiendo sobre el tema. ¿Estaría disponible en las próximas tres semanas para programar una llamada de quince minutos a fin de discutir esto?».

Por qué es una buena pregunta: Es razonada, clara, enfocada y específica, demuestra investigación, respeta el tiempo de la persona y no requiere ningún esfuerzo más allá de los quince minutos solicitados.

Probabilidad de que esta pregunta tenga éxito: Alta.

Una buena pregunta requiere tiempo para elaborarla y ejecutarla. Requiere que usted haga la investigación y defina lo que está buscando en una petición clara y específica. La recompensa es que una buena pregunta tiene una probabilidad mucho más alta de ser exitosa, y lo diferenciará de inmediato de la mayoría de las personas que hacen preguntas malas y vagas.

Solicitud de presentaciones y referencias

Las presentaciones y referencias son una pregunta común y el quid de la conexión. Sin embargo, también se ejecutan de manera deficiente con frecuencia. Cuando usted hace una solicitud para una presentación, está pidiendo el tiempo y el esfuerzo del presentador, y una parte de su capital social. La manera correcta de pedir una presentación es respetando las tres partes.

1. Respete el tiempo del presentador

De forma similar a la pregunta descrita anteriormente, asegúrese de hacer una solicitud enfocada y específica para una presentación.

> No es una buena pregunta para una presentación: «Estoy buscando oportunidades en la empresa X y agradecería que me presente a cualquier contacto que usted tenga».
>
> Una mejor pregunta para una presentación: «Estoy solicitando el puesto de administrador de desarrollo de negocios en la empresa X, y veo en su red de LinkedIn que usted está conectado con [John, quien trabaja allí]. ¿Estaría dispuesto a presentarnos?».

2. Respete el esfuerzo del presentador

La regla de oro para hacer presentaciones es la «doble autorización», lo que significa que ambas partes acceden por adelantado a ser presentadas. Esto requiere que el presentador contacte primero a la persona que usted está pidiendo conocer para confirmar que está dispuesta a aceptar la presentación. Si es así, entonces la conexión puede establecerse.

Para facilitar la doble autorización, envíele al presentador un correo electrónico que describa quién es usted en una o dos oraciones, incluya un enlace a su perfil de LinkedIn y explique brevemente por qué usted está buscando hablar/conocer/interactuar con la persona que le van a presentar.

3. Respete el capital social del presentador

Cada vez que hacemos una presentación, ponemos en juego nuestra credibilidad y nuestra marca. Demasiadas presentaciones malas, irrelevantes o fuera de lugar harán que las personas de nuestra red de contactos, en el mejor de los casos, dejen de aceptar nuestras presentaciones y, en el peor de los casos, cuestionen nuestro juicio. Cuando solicite una presentación, tenga en cuenta la marca personal y el capital social del presentador. Esto significa ser proactivo y responsable al programar el tiempo para hablar o reunirse con la persona a la que usted será presentado, estar concentrado y ser claro cuando se reúnan, y enviar una nota de agradecimiento después del encuentro. También es una señal de cortesía dirigirse a los presentadores para hacerles saber que la conexión realmente tuvo lugar y lo que haya resultado de esta.

En general, las personas de su red querrán ser útiles. Su labor al crear preguntas es ser alguien que merece recibir ayuda por ser juicioso, considerado y específico en lo que concierne a sus solicitudes.

Mantenga su red de contactos

El paso final de la conexión es poner en efecto un sistema para mantener siendo eficaz la red de contactos a la que usted le dedicó tiempo y esfuerzo a fin de desarrollarla. La forma más fácil de hacer esto es implementar algún tipo de sistema que lo lleve a conectarse y rastrear esas conexiones. Podría ser un simple sistema para agregar recordatorios a su calendario con el fin de conectarse con personas específicas. O mantener una hoja de cálculo con las relaciones que desea nutrir o profundizar y consultarla una vez por semana para saber a quién ha contactado. Implemente cualquier sistema que le recuerde contactar y seguir cultivando sus conexiones.

LA CONEXIÓN DE ENTRADA Y DE SALIDA REPRESENTAN LA NUEVA RED DE CONTACTOS

Conectarse con las personas adecuadas es fundamental para tener éxito en la economía gig. Las personas son nuestra mayor fuente de ideas, oportunidades y referencias. Tenemos que generar nuestras propias oportunidades y planear el cambio de empleos, actividades y proyectos con frecuencia en la economía gig, por lo que encontrar maneras de sentirnos cómodos al conectarnos con otros es esencial para nuestro éxito.

A fin de crear conexiones sin una red de contactos, considere lo siguiente:

➤ ¿Qué formas de conexión de entrada y de salida son las más auténticas para mí, y qué más puedo hacer?
➤ ¿Cómo puedo ser más considerado en las ofertas y peticiones que les hago a los demás?
➤ ¿Qué sistema puedo poner en marcha para mantener conexiones más fuertes con la red que ya tengo?

Segunda parte

TENGA MÁS TIEMPO libre

• *Capítulo cinco* •

ENFRENTE EL MIEDO REDUCIENDO EL RIESGO

Solo hay una cosa que hace imposible lograr un sueño: el miedo al fracaso.

—PAULO COELHO, *El alquimista*

El miedo puede ser nuestro mayor y peor enemigo. Este limita nuestra capacidad para alcanzar nuestros sueños y nos mantiene atrapados en nuestra vida cotidiana. Los miedos que nos detienen son grandes, emocionales, y a menudo desconectados de las realidades de nuestra situación actual.

Beth es un ejemplo de alguien que experimentó temores infundados con respecto a los resultados inciertos cuando pensó en abrir su propio negocio. Ella llevaba una década trabajando en el desarrollo del liderazgo en una empresa de tamaño mediano. Era exitosa en su trabajo y había elaborado un excelente portafolio que generaba ingresos para el negocio y resultados para los clientes. Sin embargo, cuando empezó a coquetear seriamente con la idea de abrir su propia compañía, dudó. A pesar de todos sus recursos y calificaciones, Beth tenía miedo de fracasar. Ella es una profesora sagaz para los negocios. Aquellos que la conocen la caracterizarían como muy inteligente e influyente. Y aun así, estaba atrapada en sus temores. Como dijo Beth: «El peor de los casos es que me quede sin hogar y sin dinero».

¿Por qué el temor tiene semejante dominio sobre nuestras vidas? ¿Por qué nos retiene y reduce nuestras posibilidades incluso cuando la oportunidad de algo más grande y mejor se encuentra justo frente a nosotros? Una de las razones es que dejamos que nuestros miedos se afiancen y crezcan, sin ninguna oposición, en nuestras cabezas. No los examinamos a la luz fría del día y vemos de qué están hechos. Otra razón es que tenemos aversión a la pérdida. Sentimos el dolor de la pérdida mucho más que el placer de la ganancia. Prestamos mayor atención a las pérdidas potenciales que a las ganancias, y estamos inclinados a evitar posibles contratiempos más de lo que estamos buscando victorias potenciales.

Cómo enfrentar el miedo

Es más fácil deconstruir nuestros miedos e identificar nuestros riesgos si los vemos frente a nosotros. Volvamos al ejemplo de Beth y evaluemos sus temores de terminar sin hogar y sin dinero. Ella tenía ahorros y poseía un condominio con un poco de capital. En esa época estaba soltera, por lo que sus gastos eran relativamente pocos. Resultaba una buena candidata para un trabajo en su campo, tenía una sólida red de contactos y referencias excelentes de los clientes. Disfrutaba de una familia estable emocional y económicamente y de un grupo de amigos.

Beth tendría que caer a través de muchas redes de seguridad en su vida para terminar sin hogar y sin dinero. La vida puede ser dura, y probablemente podríamos diseñar un escenario en el que tal cosa podría ocurrir, pero sería muy improbable. Como señaló Beth, para que se produjera su peor escenario: «Toda mi familia tendría que estar muerta. Todos mis amigos tendrían que estar muertos. Habría un montón de cosas que tendrían que salir mal todas juntas para que se diera ese resultado». Todos tenemos miedos como el de Beth, que luego de examinarlos, son más humo que fuego.

Enfrente el miedo comenzando con el peor escenario

Nuestros temores suelen ser grandes y emocionales, y la mejor manera de empezar a enfrentarlos es comenzando con el peor escenario. Empiece con lo que más le asuste.

Miedo

➤ Me quedaré sin hogar
➤ Me quedaré sin dinero

Una vez que se escriba esto en una hoja, será más fácil evaluarlo con mayor objetividad y preguntarse: ¿qué tan probable es que ocurra esto? Si es probable, ¿puedo vivir con eso? ¿Puedo recuperarme de eso? ¿Puedo emprender acciones para evitar que este escenario se produzca?

Enfrente el miedo identificando riesgos específicos

Una vez que haya nombrado sus grandes y vagos temores emocionales, comience a identificar los riesgos específicos y concretos que tendrían que manifestarse para que este peor escenario sea cierto. Lo que a menudo sucede en esta fase es que usted comienza a entender los eventos extremadamente improbables que tendrían que ocurrir para que su miedo se haga realidad.

Miedo	Riesgo	Probabilidad
Me quedaré sin hogar.	No podré pagar mi hipoteca.	Improbable
	Si vendo mi apartamento, no podré alquilar ningún lugar.	Altamente improbable
	Si no tengo casa propia, no hay nadie con quien pueda quedarme para volver a ponerme en pie.	Altamente improbable
Me quedaré sin dinero.	Empezaré mi nuevo negocio y no tendré ingresos.	Posible
	No podré conseguir clientes.	Posible
	Si mi nuevo negocio fracasa, no podré conseguir un empleo.	Improbable

Enfrente el miedo evaluando cómo reducir su riesgo

El último paso es desarrollar un plan de acción para reducir los riesgos que usted es capaz de controlar. Puede decidir más tarde si los riesgos son grandes o lo suficiente probables como para justificar la adopción de medidas preventivas, pero incluso tener la opción de tomar medidas puede ayudar a reducir el miedo.

El objetivo de este ejercicio es tomar nuestros miedos grandes y vagos a nivel emocional, separar los riesgos concretos, y desarrollar un plan de acción. El caso de Beth ilustra que sus peores temores son improbables dada su situación. Eso no es raro, pero a veces nuestros temores están enraizados en resultados probables. En esos casos, este ejercicio puede ser muy útil para identificar las acciones que usted puede emprender a fin de reducir los riesgos.

Es posible que después de completar este ejercicio haya encontrado riesgos que son demasiado grandes para su tolerancia personal al riesgo, incluso después de intentar tratar con ellos. En este caso, es posible que quiera pensar en modificar o reestructurar lo que desea hacer para que sea más pequeño y menos arriesgado. Por ejemplo, tal vez después de completar este ejercicio, usted determine que realmente no está en una buena posición financiera para iniciar su propio negocio. Si es así, ¿puede seguir adelante con su plan si comienza a desarrollar su negocio de forma paralela? Comenzarlo como una actividad adicional le ayudaría a aumentar sus ingresos, desarrollar una base de clientes y ahorrar algo de dinero. ¿O qué tal si usted planea comenzar su negocio dentro de doce meses a partir de ahora y se da un tiempo para mejorar su situación financiera? Durante ese año, tendrá tiempo para planear, refinar su modelo, obtener ingresos adicionales, ahorrar dinero y reducir sus gastos antes de comenzar su negocio.

Este ejercicio funciona con cualquier decisión que esté enfrentando, así como con los temores personales y profesionales. Es una manera eficaz de ayudarle a abordar decisiones como cambiar de ciudad, de trabajo, casarse, comprar una casa, y si se inscribe o no en una sesión de paracaidismo.

Miedo	Riesgo	Probabilidad	Acciones
Me quedaré sin hogar.	No podré pagar mi hipoteca.	Improbable	Destine ahorros, en una cuenta separada, para un número fijo de meses de pagos hipotecarios; busque un trabajo a tiempo parcial o una actividad adicional para aumentar sus ingresos.
	Si vendo mi apartamento, no podré alquilar ningún lugar.	Altamente improbable	Reúnase con un agente de bienes raíces y evalúe el precio de venta actual y los costos de reducción.
	Si no tengo casa propia, no hay nadie con quien pueda quedarme para volver a ponerme en pie.	Altamente improbable	Considere subarrendar el apartamento mientras se va a vivir con amigos/sus padres/otro ser querido y vive gratis; considere utilizar Airbnb cuando viaje o esté ausente.
Me quedaré sin dinero.	Empezaré mi nuevo negocio y no tendré ingresos.	Posible	Comience a generar ingresos a través de un trabajo independiente adicional; asegure un cliente fundamental antes de dar el salto.
	No podré conseguir clientes.	Posible	Actualice y conéctese con su red de contactos; mantenga la información de contacto actualizada; prepárese para pedir referencias cuando dé el salto; evalúe si algunos clientes anteriores o actuales lo seguirán.
	Si mi nuevo negocio fracasa, no podré conseguir un empleo.	Improbable	Manténgase en contacto con reclutadores y al corriente de los cambios y movimientos en su industria; manténgase en contacto con su red laboral; asígnese una cantidad fija de tiempo para lanzar su negocio o volver a entrar al mercado laboral.

Cómo reducir el riesgo

La clave para enfrentar nuestros miedos es dividirlos en sus componentes de riesgo. Los riesgos son concretos y específicos, y una vez que hemos identificado uno, hay varias opciones para evaluarlo y tratar con él. A continuación, se presentan seis opciones posibles para enfrentar el riesgo. A medida que usted divide sus temores en sus riesgos subyacentes, considere cada una de las siguientes opciones:

Reduzca el riesgo al mitigarlo

Si el riesgo que está contemplando parece demasiado grande para su tolerancia personal al riesgo, podría ser capaz de mitigarlo. Por ejemplo, John trabaja a tiempo completo en una firma de contabilidad cuyos clientes son empresas medianas y grandes. Si el empleador de John se retirara del negocio, el ingreso de John pasaría del 100% a 0%. John está incómodo con ese riesgo, por lo que ha desarrollado un negocio paralelo que trabaja con empresarios y pequeñas empresas, ayudándolos con su contabilidad, los estados financieros y los impuestos (estos clientes no compiten con su empleador). La actividad adicional mitiga su peor escenario dándole una protección de ingresos. Si John fuera despedido inesperadamente, sus ingresos pasarían del 100% al 30% gracias a su base de clientes existente. Si tuviera un mes o dos de aviso en su posible despido, podría aumentar su negocio paralelo buscando activamente clientes nuevos. Tal vez sería capaz de limitar su desventaja a una reducción del 50% de sus ingresos. Tener el negocio paralelo le permite a John mitigar su riesgo de no tener ingresos en caso de ser despedido.

Reduzca el riesgo asegurándolo

Si hay un resultado improbable aunque terrible que le preocupe, vea si puede asegurarlo. Aseguramos nuestros riesgos todo el tiempo mediante seguros de salud, discapacidad y hogar, pero hay muchas otras formas menos comunes de seguros para situaciones específicas. Si tiene miedo de ir a ese safari familiar en África de una vez en la vida porque está preocupado de que se enferme y no pueda recibir atención médica, busque un seguro de viaje que incluya evacuación médica. Si se está jubilando y planea formar parte de algunas juntas directivas corporativas, asegúrese de recibir un seguro de directores y oficiales (D&O) para protegerlo de demandas presentadas contra la empresa y sus directores. Si desea probar suerte trabajando y viviendo en un buque de carga, pero el hecho de pensar en los piratas somalíes no lo deja dormir, un seguro de secuestro y rescate (S&R) debería calmar sus temores (y aumentar sus probabilidades de salir con vida).

Reduzca el riesgo transfiriéndolo

A veces usted puede reducir su riesgo transfiriendo una parte o la totalidad de él a otra persona u organización. Los empleados a tiempo completo transfieren el riesgo de volatilidad de los ingresos a su empleador, porque ellos reciben un pago fijo cada dos semanas, independientemente de los ingresos, beneficios o desempeño reales de la empresa. Por supuesto, a mediano plazo, la empresa puede despedirlo o echarlo, pero a corto plazo, el riesgo es mayor para la empresa. Por el contrario, los propietarios de pequeñas empresas asumen este riesgo.

En la economía gig, estamos viendo una gran transferencia de riesgo de las empresas a los trabajadores. Las empresas están contratando menos empleados a tiempo completo. En cambio, emplean más contratistas, consultores y trabajadores según las necesidades, cada uno de los cuales asume el riesgo de volatilidad en la demanda de sus servicios y la variabilidad de sus ingresos. Las maneras de transferir el riesgo económico incluyen la firma de contratos que establecen un precio o una duración fijos, en los que su ingreso estará garantizado siempre y cuando cumpla con las condiciones del contrato o cree relaciones anticipadas con los clientes, donde le pagarán un precio fijo por adelantado cada mes para especificar el trabajo variable.

Reduzca el riesgo eliminándolo

Hay algunas situaciones específicas que nos permiten eliminar los riesgos por completo. Si usted es un contratista o consultor, puede eliminar el riesgo de no recibir el pago por un proyecto negociando un calendario de pagos en el que se le pague por adelantado. Los contratos también son útiles para eliminar el riesgo. Si tiene un contrato de trabajo, usted siente cierta comodidad al saber que no será despedido sin el plazo especificado de aviso y la cantidad fija de indemnización que ha acordado, basándose en los cuales puede planear. Los contratos pueden eliminar el riesgo y la incertidumbre en torno a escenarios identificables si negocia los resultados por adelantado.

Reduzca el riesgo aceptándolo

A menudo aceptamos el riesgo en nuestras vidas porque la mayoría de las actividades implican un cierto grado de riesgo, aunque sea remoto. Hacemos concesiones razonables sobre el tamaño del riesgo y la probabilidad de que ocurra en comparación con las recompensas que esperamos al realizar la actividad. La cantidad de riesgo que estamos dispuestos a aceptar depende de nuestra tolerancia personal al riesgo. Los esquiadores impulsados por helicópteros y los paracaidistas están dispuestos a aceptar niveles de riesgo relativamente mayores debido a la emoción que sienten al realizar esas actividades. La mayoría de nosotros estamos dispuestos a aceptar bajos niveles de riesgo en nuestra vida diaria. Comemos en restaurantes, aunque existe la posibilidad de una intoxicación alimentaria. Vamos a nadar, aunque podríamos ahogarnos, y tomamos autobuses y trenes que tienen una pequeña posibilidad de estrellarse.

Tenga en cuenta que nuestros niveles de búsqueda de riesgos y aversión al riesgo pueden variar según la situación. Yo podría disfrutar las carreras automovilísticas, pero ser reacia a invertir en el mercado de valores. Puedo experimentar a un mismo tiempo el riesgo en algunos campos y la aversión al riesgo en otros, por lo que los niveles de riesgo que estoy dispuesta a aceptar también pueden variar.

EJERCICIO

Enfrente sus miedos y reduzca sus riesgos

PASO 1: COMIENCE CON EL PEOR ESCENARIO

Imagine el resultado más negativo de la decisión que más teme, así como las consecuencias extremas y resultados más aterradores. Escríbalos.

PASO 2: IDENTIFIQUE RIESGOS ESPECÍFICOS

Identifique los riesgos específicos y concretos que dan lugar a sus miedos. Enumere tantos como pueda imaginar.

PASO 3: EVALÚE CÓMO REDUCIR SU RIESGO

Desarrolle un plan de acción para cada riesgo. Examine cada uno y evalúe: ¿puedo mitigarlo, asegurarlo, transferirlo, eliminarlo o aceptarlo? Determine el riesgo de no tomar ninguna medida.

Complete los pasos del 1 al 3 por su cuenta y luego haga el ejercicio con otra persona. Es muy útil hacer el ejercicio con alguien que pueda ayudarlo a ver sus temores y riesgos con mayor objetividad. Lo ideal sería completar este ejercicio con alguien que ya ha atravesado o experimentado lo que usted está contemplando. Alguien que haya estado ahí, y lo haya superado, estará en una mejor posición de aprovechar sus propias experiencias para ayudarle a eliminar sus temores y elaborar un plan a fin de reducir sus riesgos.

Considere el riesgo de una vida aburrida

Hay riesgos asociados con cada acción. Sin embargo, es igualmente importante considerar los riesgos de la inacción. Es primordial preguntarnos: ¿cuál es el riesgo de no arriesgarnos lo suficiente? ¿Cuál es el riesgo de vivir una vida demasiado cómoda, demasiado segura, demasiado estable? ¿Y si apostamos por una seguridad excesiva y no crecemos, no prosperamos, y ni siquiera intentamos perseguir nuestros sueños? ¿Qué resulta más aterrador contemplar: el riesgo al fracaso o el riesgo al arrepentimiento? ¿El riesgo a un fuerte colapso y caída, o una vida en una desesperación tranquila?

Amber Rae es una bloguera, artista y empresaria que nos anima a asumir riesgos «para inventar nuevas carreras, actuar sobre ideas y crear una vida que nos impulse hacia delante». Ella resume con humor los riesgos de una vida de inacción en el título de un libro ficticio: *Sea mediocre: La guía definitiva para subir la escalera corporativa, pedir permiso y vivir una vida aburrida.*[1] Vivir una vida que sea demasiado segura es algo que existe en realidad.

¿Cómo quisiera usted que se titule el libro sobre su vida?

Vea su punto ciego

A medida que avance en el ejercicio anterior, puede ser útil investigar un poco y recopilar datos sobre la probabilidad y la posibilidad de varios riesgos. Tener datos y cifras para cuantificar algunos de los riesgos le dará la información para evaluar con precisión dicha probabilidad. Esa información por sí sola podría ayudar a reducir sus temores. Por ejemplo, Beth podría tener en cuenta que más del 75% de las pequeñas empresas fracasan, y que esa probabilidad contribuye a su miedo de iniciar su propio negocio. No obstante, si ella investigara esa suposición, podría encontrar que (por ejemplo) el 90% de los restaurantes fracasan después de un año, y que el 80% de los establecimientos minoristas cierran, pero solo el 30% de las firmas de servicios profesionales fracasan en el primer año. El simple hecho de tener una mejor información puede ayudar a Beth a superar una parte de su miedo.

No somos muy buenos para evaluar nuestros temores y riesgos con precisión. Nuestra evaluación del riesgo está distorsionada por una serie de prejuicios cognitivos como el exceso de confianza (que los investigadores relacionan con la afición al juego), el anclaje (evaluamos las ganancias y las pérdidas dependiendo de cómo estén enmarcadas) y la aversión a la pérdida (detestamos las pérdidas más de lo que nos encantan las ganancias equivalentes). Estos prejuicios cognitivos pueden hacernos sobreestimar o subestimar el riesgo y tomar decisiones (a veces importantes) basados en nuestra percepción imprecisa.

Tendemos a tener temores infundados sobre eventos y resultados que son improbables, incluso que parecen ajenos a los riesgos muy reales de nuestra vida cotidiana. Conducir es un ejemplo excelente de nuestra incapacidad para evaluar el riesgo con precisión. Los accidentes automovilísticos son la principal causa de muerte en adolescentes[2] y una de las diez principales causas de muerte en Estados Unidos. Los autos son la tercera modalidad más peligrosa del transporte vehicular (detrás de las motocicletas y bicicletas). Un promedio de veinte a treinta minutos de viaje en auto en cada sentido se ha asociado con el aumento de la obesidad, la depresión, la ansiedad y el aislamiento social. Sin embargo, pocos estadounidenses identifican la conducción diaria como una de las actividades más arriesgadas que realizan, incluso si los datos son claros sobre los peligros.[3] Cada día, asumimos riesgos significativos sin sentir miedo. Esto significa que probablemente tenemos más riesgos en nuestras vidas del que asumiríamos cómodamente si pudiéramos verlos con claridad.

Nuestra evaluación del riesgo también está influenciada por las emociones y las experiencias personales. Muchos de mis estudiantes de la maestría en administración de negocios, que vieron a sus padres sufrir un despido o una reducción de personal después de varias décadas en una empresa, creen que trabajar para ellos mismos o iniciar su propio negocio ofrece más seguridad laboral y tiene un menor riesgo que un trabajo corporativo. Sin embargo, hay un número igual de estudiantes que crecieron en un hogar empresarial y creen exactamente lo contrario: que el autoempleo y las empresas emergentes constituyen una vida riesgosa y financieramente volátil, y que la opción segura y fiscalmente conservadora es conseguir un empleo tradicional.

Cuando no evaluamos los riesgos con precisión, podemos terminar asumiendo altos riesgos (conducir nuestro auto a la tienda de comestibles) a cambio de recompensas bajas (compras de alimentos). Asumimos demasiados riesgos porque experimentamos muy poco miedo. O, peor aún, nos perdemos potencialmente altas recompensas (satisfacción, alegría, felicidad, recuerdos maravillosos) porque equivocadamente evitamos actividades que parezcan de alto riesgo (renunciar a un mal empleo, tomar ese safari familiar, tener ese tercer hijo). Asumimos muy pocos riesgos porque tenemos mucho miedo. En ambos casos, nuestra incapacidad o falta de voluntad para evaluar con precisión los temores y riesgos que enfrentamos nos lleva a tomar decisiones menos que óptimas o incluso inapropiadas. Al desglosar y analizar nuestros riesgos y recopilar información, podemos ser más precisos y explícitos sobre los riesgos que vale la pena correr.

Aprenda a ser mejor a la hora de asumir riesgos

Asumir un cierto nivel de riesgo en nuestras vidas es necesario, sano e ineludible para el crecimiento. Aunque debemos hacer todo lo posible para evitar correr riesgos destructivos —como fumar o conducir en estado de ebriedad— es necesario correr riesgos para progresar en nuestras vidas. Salir de la casa de nuestros padres, comenzar un nuevo empleo, aceptar una promoción, hacer un nuevo amigo, aprender una nueva habilidad o mudarse a otra ciudad son cosas que pueden ayudarnos a crecer, adquirir más confianza y abrir nuevas oportunidades. Los riesgos positivos nos exponen a la posibilidad del fracaso, pero sin asumir esos riesgos no vamos a crecer. Hay maneras en que podemos aprender y practicar para ser mejores corredores de riesgos.

Asuma riesgos pequeños

Dé pasos pequeños. Empiece lentamente. Aumente su tolerancia al riesgo asumiendo riesgos más pequeños al principio, y luego vaya aumentando poco a poco y corra riesgos mayores cuando se sienta cómodo. Si tomar un año de descanso le parece demasiado arriesgado, comience con solo un mes de descanso. Si tiene miedo de mudarse a otro extremo del país, comience a hacerlo por unas pocas semanas o pasando un mes en la oficina de la Costa Oeste para probar. En su investigación sobre el riesgo, Norris Krueger Jr. y Peter Dickson, de la Universidad Estatal de Ohio, encontraron que adoptar comportamientos en los que se asume un riesgo en pequeñas dosis constituye una manera efectiva de aumentar nuestra confianza, lo que a su vez aumenta nuestra disposición a correr riesgos.[4]

Asuma riesgos seguros

Adopte un marco de riesgos seguros que tengan desventajas limitadas. Hacerse un nuevo corte de pelo es un ejemplo de un riesgo seguro, porque la desventaja se limita a vernos un poco menos fabulosas durante el tiempo que tarda nuestro pelo en crecer de nuevo. En la economía gig, los trabajos independientes adicionales a tiempo parcial pueden ofrecer una forma de asumir un riesgo seguro. Si abandonar su empleo y trabajar por sí mismo le parece demasiado arriesgado, una actividad adicional a tiempo parcial tiene el potencial de permitirle aprender más sobre la oportunidad antes de comprometerse plenamente y probar si puede generar ingresos y conseguir clientes. Si no funciona o no se sienta a gusto, usted perderá el tiempo, la energía y el dinero que destinó para invertir en la actividad, pero habrá evitado la pérdida mayor de su empleo.

Espere fracasar y prepárese para ello

Los investigadores de la Universidad de Nueva York encontraron que darnos permiso para fracasar puede hacernos mejores a la hora de asumir riesgos.[5] A los participantes en su estudio se les dijo que fingieran que la tarea de apostar que les asignaban era algo que hacían todos los días y que las pérdidas no solo resultaban aceptables, sino que eran de esperarse. Estos participantes superaron a sus pares que no recibieron esas instrucciones. Los estudiantes a quienes se les dio permiso para fracasar asumieron riesgos inteligentes y se preocuparon menos cuando se les dijo que esperaran pérdidas. Los investigadores concluyeron que una buena forma de correr riesgos se puede enseñar ayudando a los estudiantes a desarrollar una tolerancia al riesgo.

Podemos ver este efecto en el ecosistema corporativo o en lugares con altos niveles de actividad empresarial y una cultura de riesgo, como San Francisco y Boston. Cuando el fracaso es esperado y culturalmente aceptado, las personas se sienten más cómodas y asumen mejores riesgos y con mayor frecuencia.

Planee para el mejor escenario

A veces pasamos tanto tiempo enfocados en las desventajas (nuestro miedo que alza su fea cabeza) que no dedicamos tiempo suficiente a contemplar las ventajas. Por supuesto, es prudente tener una protección financiera y un plan si su nuevo negocio fracasa. Sin embargo, ¿qué tal si tiene un éxito abrumador? ¿Está preparado para eso? ¿Tiene una lista corta de los miembros de equipo que quisiera contratar, el financiamiento que necesitaría obtener, los clientes de alto perfil en los que se enfocaría?

Una vez que haya pasado por este ejercicio de miedo y riesgo y haya elaborado su plan de acción, preste atención a cómo manejar el éxito. ¿Cuál es su mejor escenario? ¿Qué tan probable es que se produzca? ¿Qué factores pueden causar que suceda? ¿Cómo necesitaría reaccionar a corto y mediano plazo? ¿Qué recursos necesitaría? Dedique tiempo a imaginar su éxito. Con un poco de suerte, ese será el plan de acción que usted necesitará.

ENFRENTAR EL MIEDO Y REDUCIR EL RIESGO REPRESENTA LA NUEVA ZONA DE COMODIDAD

La economía gig ofrece un montón de oportunidades y recompensas potenciales, pero también mayores riesgos. En ella hay más inseguridad laboral, variabilidad en los ingresos y cambios.

Para asegurarnos de no dejar que el miedo nos impida seguir una carrera o tener vida que podría ofrecernos las mayores recompensas, considere:

➤ ¿Cuáles son mis miedos y los peores escenarios que me preocupan?
➤ ¿He identificado, evaluado y desarrollado un plan de acción para reducir los riesgos asociados con mis miedos?
➤ ¿Cómo puedo practicar y aprender a asumir riesgos de una mejor manera?
➤ ¿He planeado el mejor escenario?

Capítulo seis

OBTENGA TIEMPO LIBRE ENTRE TRABAJOS INDEPENDIENTES

Nunca me he sentido feliz con las virtudes burguesas del matrimonio, la estabilidad y el trabajo por encima del placer. Era demasiado curiosa y aventurera para no enervarme bajo esas restricciones.

—ERICA JONG, *Miedo a volar*

Mi prometido (actualmente mi esposo) y yo estábamos abordando un avión a Tokio, la primera parada de nuestro boleto alrededor del mundo. Habíamos dejado nuestros trabajos corporativos, vendido nuestro auto y cancelado el arriendo de nuestro apartamento. Llenamos nuestras dos grandes mochilas y dejamos nuestras pocas posesiones restantes en el garaje de la casa de mi infancia. Estábamos tomando un año libre para viajar por el mundo, un sueño del que habíamos hablado desde que nos conocimos en la universidad y que llevábamos planeando durante casi un año. Nuestro itinerario incluía cuatro meses en Asia, algún tiempo en África, y casi dos meses en Australia; todos ellos, lugares que son difíciles de visitar durante unas vacaciones corporativas estándares de dos semanas.

Nuestros colegas y amigos reaccionaron a las noticias de nuestro viaje con emociones variadas que iban desde el entusiasmo y el apoyo, hasta la envidia y las advertencias de que éramos unos tontos por dejar nuestros buenos empleos y dañar nuestras carreras.

Los escuchamos, pero estábamos comprometidos con nuestro plan y convencidos de que no queríamos esperar hasta «algún día...» para viajar. Queríamos hacerlo mientras éramos jóvenes, nos manteníamos en forma, y teníamos aún disposición a viajar con mochila. Estar en la etapa de luna de miel también fue una ventaja. Así que seguimos adelante y tuvimos un año increíble de viajes, aprendizaje, experiencias y tiempo juntos. Mirándolo en retrospectiva, considero que ese año constituye uno de mis logros más grandes y significativos.

La economía gig nos obliga a pensar en el tiempo libre de un modo diferente. En lugar de recibir dos o tres semanas de vacaciones anuales pagadas por parte de nuestro empleador, podemos esperar tener períodos de tiempo más frecuentes y regulares durante nuestra vida laboral como resultado de las pausas normales entre trabajos independientes y empleos. También tenemos mayor libertad y flexibilidad para disfrutar de más tiempo libre debido a que ejercemos un mayor control sobre dónde, cuándo y cuánto trabajamos.

La pregunta a responder es: ¿qué quiero hacer con ese tiempo?

Desarrollando ideas para el tiempo libre

La posibilidad de tener más tiempo libre nos ofrece enormes oportunidades para vivir una vida más variada, interesante y equilibrada. En lugar de comprimir nuestros objetivos y sueños personales en unas vacaciones de dos semanas cada año, podemos sacar tiempo entre trabajos independientes y empleos para dedicarnos a ellos. En la economía gig, es más fácil obtener más tiempo libre con mayor frecuencia. Podemos planear por adelantado para estar «libres de empleo» y perseguir otras metas en la vida, tales como escribir una novela, viajar, pasar tiempo con nuestros hijos o padres ancianos, trabajar como voluntario, o lo que sea que esté en nuestra lista de cosas por hacer antes de morir. Si lo usamos deliberadamente, el tiempo libre entre actividades puede ser uno de los más satisfactorios y significativos de nuestras vidas.

Durante mis entrevistas para este libro, les pregunté a personas que estaban enfrascadas tanto en la economía gig como en trabajos corporativos tradicionales cómo querían pasar el tiempo entre sus actividades. Surgieron varios temas comunes. Estos temas generales pueden ser un punto de partida a fin de desarrollar sus propias ideas y planes específicos para la próxima vez que haga una pausa entre sus trabajos independientes.

Viajar: Viajar siempre está a la cabeza de la lista de respuestas. A veces se trata de viajar por viajar: tomar unas vacaciones, visitar un país en particular o una parte del mundo, o hacer ese viaje mochilero que nunca hicimos en la universidad. Es igualmente frecuente viajar con un propósito: visitar la ciudad de Italia de donde proviene nuestra familia, viajar con papá para ver varios estadios de béisbol, pasar unas pocas semanas con los abuelos o visitar a los amigos universitarios que están repartidos por todo el país.

Perseguir un interés o pasión: La segunda respuesta más popular es dedicar más tiempo a actividades e intereses, como mejorar nuestro juego de golf, entrenar para un maratón o triatlón, o incluso crear una rutina para hacer ejercicio regularmente. Otros quieren emplear el tiempo en su afición favorita, como la jardinería, la lectura, la pintura o la fotografía. Muchas personas que entrevisté utilizarían el tiempo para dedicarse a una actividad o pasión, pero con un objetivo específico en mente: aprender un nuevo idioma, ser un maestro de yoga certificado, calificar para enseñar inglés como segunda lengua o ser un mejor cocinero.

Voluntariado: Retribuir era un deseo común, pero las formas de hacerlo variaban enormemente: unirse a una campaña política, construir casas en Hábitat para la Humanidad, ayudar a brindar atención médica gratuita a través de Remote Area Medical, ayudar en la conservación del sendero de los Apalaches, o donar tiempo a una organización benéfica.[1] Hay tantas oportunidades de voluntariado que es fácil identificar una que se superponga con casi cualquier campo de interés.

Completar proyectos personales: Esta categoría incluye aspectos como completar todos los proyectos que hemos querido comenzar: organizar nuestras fotos, limpiar el garaje, poner nuestras finanzas en orden, o experimentar *The Life-Changing Magic of Tidying Up* [La magia del orden que cambia la vida].[2] O tal vez su proyecto personal consista en sacar un tiempo para usted: actividades espirituales como meditación o retiros de yoga, o cualquier otra cosa que lo fortalezca, calme y revitalice.

Queremos ser deliberados acerca de nuestro tiempo libre y, como Goldilocks, estructurarlo en la medida correcta, ni demasiado ni demasiado poco. Si estructuramos en exceso, esto podría limitar el tiempo libre y el espacio que necesitamos para revitalizarnos, y podemos perder la espontaneidad y la serendipia que nos conducen a nuevas aventuras. No obstante, si estructuramos poco, tal vez nunca salgamos del sofá. Considere lo que funciona para usted y elija la cantidad de estructura que sea correcta.

Puede requerir un poco de práctica acostumbrarse a estructurar deliberadamente el tiempo libre. No es una habilidad que los empleados a tiempo completo han necesitado desarrollar, por lo que pueden requerirse unos cuantos intentos para hacerlo bien y sentirse cómodo con esto. Es útil tener una lista de ideas a la mano. Nos impide caer en la trampa de desperdiciar o dilapidar el tiempo libre que pudiéramos usar de manera más deliberada para realizar nuestros sueños, avanzar en nuestras metas y honrar nuestras prioridades.

EJERCICIO

Tomándose un año libre

Todos tenemos una lista diferente de prioridades y metas o sueños de larga data que queremos alcanzar. La clave para disfrutar de más tiempo libre es esperarlo, planearlo y tener una serie de ideas sobre lo que quiere hacer con él. El propósito de este ejercicio es animarlo a soñar en grande con respecto a lo que haría con más tiempo libre sin las limitaciones normales de tiempo y dinero. El mismo está diseñado para ayudarle a alejarse de una conversación basada en los recursos y crear un espacio mental amplio e irrestricto para explorar e imaginar posibilidades.

OPCIÓN I: IMAGINE UN AÑO LIBRE

Imagine que el próximo año le dan un año de descanso y un año de salario. Escriba sus respuestas a la siguiente pregunta: ¿qué haría yo con ese tiempo y esos recursos?

A veces puede ser difícil imaginar la estructuración de todo ese tiempo libre, especialmente si usted ha sido un empleado por un tiempo y no está acostumbrado a tener control sobre su tiempo. Si ese es su caso, comience con la opción 2, que es una versión más pequeña del ejercicio anterior.

OPCIÓN 2: IMAGINE UN VERANO LIBRE

Imagine que el próximo año le dan tres meses de descanso y una cuarta parte (25%) de su salario. Escriba sus respuestas a la siguiente pregunta: ¿qué haría yo con ese tiempo y esos recursos?

La idea de este ejercicio es comenzar a explorar y enumerar las ideas que se pueden implementar durante períodos más cortos de tiempo libre. No tenemos que disponer de mucho tiempo para hacer algo significativo. Incluso los períodos de tiempo cortos pueden ser significativos si hacemos planes para ellos.

Este ejercicio resulta más eficaz si primero lo hace por su cuenta y luego lo discute y propone ideas junto con su pareja, un miembro de su familia o un amigo cercano. Esa persona puede contribuir con otras ideas interesantes que usted no había considerado, ¡o sentirse tan inspirada que se ofrezca a unirse a usted!

Es más fácil y eficaz planear siempre el tiempo libre y hacer este ejercicio de manera habitual. Lleve una lista continua de ideas grandes y pequeñas que quisiera explorar en su tiempo adicional. Estas ideas no tienen que tener un costo o implicar grandes planes. En realidad, reserve un punto para incluir ideas que se puedan llevar a cabo en unos días o una pausa laboral inesperada: ideas como invitar a almorzar a la abuela en la tarde o llevarla a la playa durante un día, ofrecerse a llevar el auto de mamá para un cambio de aceite mientras ella está en el trabajo, sentarse en el sofá y leer un libro por un día, o sacar un fin de semana para ver la serie de Harry Potter de principio a fin.

Si crea un lugar para anotar ideas cuando piensa en ellas, siempre tendrá una lista disponible en el momento en que se presente un período de tiempo inesperado. Mantengo *Stickies* (notas adhesivas digitales) en mi escritorio y tengo una llamada «tiempo libre» que utilizo para anotar ideas sobre proyectos y posibilidades que me gustaría explorar cuando tenga tiempo entre mis trabajos independientes. Un amigo mío lleva consigo un pequeño cuaderno y anota las listas de libros que quiere leer, conceptos para proyectos personales e ideas de negocios a las que quiere dedicarles tiempo para explorarlas. El método exacto no importa. Es el proceso de seguimiento de nuestros intereses, ideas y sueños lo que resulta significativo. Una vez que haya identificado y anotado sus propias ideas y sueños, puede planear hacer lo que más quiere, así sea uno, dos o cinco años después.

Cómo financiar el tiempo libre

Pregúntele a alguien por qué no disfruta de más tiempo libre, y la respuesta más común será que no tiene el dinero para hacerlo. Esta es una preocupación válida y en algunos casos un obstáculo insuperable. Sin embargo, a menudo es simplemente una excusa que nos mantiene acurrucados en el interior de nuestra zona de comodidad. Con planeación, y con la voluntad de hacer concesiones, la mayoría de nosotros puede financiar alguna versión de nuestra visión del tiempo libre. Un año de gira culinaria en Europa el próximo mes podría estar fuera de nuestro alcance, pero viajar allí un mes con un boleto de Eurorail y una mochila dentro de un año podría ser posible. La creatividad, la planeación y el tiempo pueden hacer mucho para convertir nuestras visiones en realidad.

El capítulo 8 cubre las cuestiones financieras en la economía gig con mayor detalle, pero a continuación se presentan algunas ideas que son específicas para financiar el tiempo libre entre los trabajos independientes.

Aproveche el hecho de ser despedido: Ser despedido de un empleo profesional a tiempo completo casi siempre implica el pago de una suma considerable de algún tipo de indemnización, vacaciones no utilizadas, o un bono prorrateado. También significa generalmente que usted califica para el desempleo. Asigne un poco de su dinero de indemnización (¡no todo!) a financiar un tiempo libre antes de comenzar con su próximo trabajo independiente.

Negocie las fechas de inicio y finalización: La manera menos estresante de empezar a disfrutar de tiempo libre es cuando usted tiene listo su próximo trabajo independiente y sabe cuándo recibirá su próximo pago. Es una manera de bajo costo y riesgo de sentirse cómodo obteniendo espacios de tiempo libre.

Jason es un buen ejemplo de alguien que comenzó a disfrutar de tiempo libre al negociar su fecha de inicio. Él se estaba preparando para dejar su trabajo a tiempo completo en junio y mudarse con su familia a otra ciudad para su nuevo empleo. Estaba terminando el trabajo en su antigua firma el viernes y tenía la intención de comenzar su nuevo trabajo el lunes. Nosotros hablamos antes de que su plan finalizara y lo animé a negociar una fecha de inicio mucho más tarde en septiembre. Una fecha de inicio después del Día del Trabajo le daría el verano libre con sus tres hijos y el tiempo para trasladarse a su nueva ciudad e instalarse allí. Admitió que no había pensado en esa opción, y mucho menos la había considerado, pero le gustaba la idea. A medida que él y su nuevo empleador finalizaron los detalles de su nuevo puesto, Jason sugirió la idea de una fecha de inicio en otoño. Comenzar en septiembre significaba que no podría asistir a un retiro clave de la dirección superior, y su nuevo jefe quería que asistiera, por lo que acordaron una fecha de inicio a mediados de agosto. Simplemente al preguntar, Jason aseguró dos meses de tiempo libre, desde mediados de junio hasta mediados de agosto. Pudo pasar el verano con su familia y ayudar a que todos se instalaran en su nuevo hogar y ciudad antes de comenzar su nuevo trabajo. La mejor parte es que fue un tiempo libre muy relajante porque él sabía la fecha exacta en que le empezarían a pagar de nuevo.

Elija un horizonte de tiempo más largo: Si tener tiempo libre es inasequible ahora, trate de extender el horizonte de tiempo para planear disfrutar del tiempo libre dentro de un año o dos. Si planeamos, tenemos tiempo para trabajar más y/o gastar menos con el fin de ahorrar para lo que más queremos hacer.

Practique teniendo pequeñas cantidades de tiempo libre: El tiempo libre que obtenemos no tiene que ser largo y costoso para ser significativo. Comience por practicar el hábito de disfrutar de pequeños períodos de tiempo libre que no requieran recursos financieros significativos. Comience por planear y tomarse solo una semana o dos entre sus trabajos independientes, o reserve unos pocos días al final de cada proyecto de consultoría. Trate de utilizar el tiempo de diferentes maneras: ofreciéndose como voluntario, poniéndose al día con sus amigos o su familia, relajándose y revitalizándose, y viendo lo bien que se siente. Utilice estos bloques de tiempo pequeños y económicos para experimentar.

Váyase a otro lugar: Considere disfrutar del tiempo libre en un lugar de menor costo. Pasar el verano y trabajar en su novela en Asia podría ser mucho más barato que escribirla en París o Nueva York. Un mes de voluntariado en Iowa o los Apalaches será más barato que trabajar para una organización sin fines de lucro en San Francisco. Intercambiar, alquilar o poner su casa en Airbnb puede ayudar a reducir sus costos de alojamiento todavía más. Dependiendo de los costos de viajar a otro lugar, dirigirse a una parte más barata del país o el mundo puede reducir significativamente los costos del tiempo libre.

¿Qué pensarán los vecinos (y sus amigos y familiares)?

La economía gig no es un fenómeno reciente, pero aún es nuevo para muchas personas. Sus padres o abuelos, su jefe o la persona que lo entrevista en una corporación grande podrían no entender o comprender la naturaleza cambiante del trabajo en la economía gig. Ellos pueden estar tan arraigados en una mentalidad de empleados que les resulta difícil seguir y entender su decisión de tener tiempo libre. Es posible que no entiendan lo que usted está haciendo o por qué, y podrían sentirse preocupados por su progreso financiero y profesional.

Cuando tomamos tiempo libre, necesitamos una historia para contarles a nuestra familia, amigos y colegas que explique lo que estamos haciendo y lo coloque en el contexto de nuestras metas y prioridades. Queremos una narrativa coherente y convincente que les ayude a entender por qué estamos tratando de obtener tiempo libre. Queremos asegurarnos de no parecer desorientados o haraganes debido a que estamos sacando un tiempo de nuestro trabajo. Nuestro objetivo es facilitar que nuestros amigos y familiares nos apoyen luego de explicarles lo que estamos haciendo y por qué.

Siempre habrá por lo menos algunas personas que se arrepientan de nuestra disposición y capacidad de obtener tiempo libre. Cuando seguimos un camino alternativo, esto puede resultar muy amenazante para las personas que han elegido un curso más tradicional por defecto. Podemos terminar como receptores de la envidia, los celos y el resentimiento de otra persona. Lo que más podemos hacer por este público es explicarles la planeación deliberada, el enfoque en nuestras prioridades, y los compromisos que hicimos para poder obtener tiempo libre, animándolos a hacer lo mismo si se trata de algo que realmente les gustaría hacer.

También debemos ser sensibles cuando tratamos con generaciones mayores de padres y abuelos, o con colegas mayores, ya que ellos pueden estar muy arraigados todavía en una mentalidad de empleados, donde el tiempo libre consiste en recibir dos semanas de vacaciones anuales. Tenemos que ayudarlos a comprender que no nos «dan» vacaciones anuales si no tenemos actualmente un empleo a tiempo completo. Ahora tenemos que planear y «obtener» nuestro propio tiempo. Nuestra meta es ayudarlos a entender el valor de la forma en que estamos utilizando nuestro tiempo y cómo esto se alinea con nuestras metas de vida y prioridades personales.

Referirnos a las historias de otras personas puede ayudarnos a contar nuestra propia historia. Los modelos exitosos pueden servir como ejemplos de cómo el tiempo libre puede ser un descanso útil, productivo y revitalizador. Stefan Sagmeister es un diseñador que dirige su propio estudio en la ciudad de Nueva York. En su popular charla TED, «El poder del tiempo libre», él aboga por su enfoque de disfrutar de intervalos regulares de tiempo libre durante su vida laboral.[3] Presenta una sugerencia tentadora:

> Pasamos unos veinticinco años de nuestra vida aprendiendo. Luego hay unos cuarenta años que están realmente reservados para trabajar. Y luego, pegados al final de esto, están unos quince años de jubilación. Y pensé que sería útil recortar básicamente cinco de esos años de jubilación e intercalarlos entre los años de trabajo.

Cada siete años, Stefan se toma un año sabático y cierra su estudio durante ese tiempo. Él ha encontrado que su tiempo libre es exitoso en términos creativos y financieros; el trabajo que produce después de su año sabático es de mayor calidad y puede cobrar más por ello.

Anne-Marie Slaughter, autora, profesora de la Universidad de Princeton y presidenta y directora ejecutiva del comité de expertos New America, acuñó el término «intervalo de inversión» para describir el tiempo que sacó para pasar diez meses viviendo en el extranjero con su familia.

> Mi esposo y yo pasamos un año sabático en Shangai, desde agosto de 2007 hasta mayo de 2008, justo en medio de un año electoral, cuando muchos de mis amigos estaban asesorando a varios candidatos en asuntos de política exterior. En parte, pensamos en cuanto a mudarnos como si se tratara de «poner dinero en el banco familiar», aprovechando la oportunidad de pasar un año juntos en una cultura extranjera. Sin embargo, también estábamos invirtiendo en

la capacidad de nuestros hijos de aprender mandarín y en nuestro propio conocimiento de Asia.[4]

Tanto Bill Bryson como Cheryl Strayed han escrito libros sobre el tiempo que han pasado inmersos en la naturaleza y reduciendo sus vidas a lo que podrían llevar en una mochila.[5]

Hay muchos más ejemplos de personas de todas las edades, profesiones y circunstancias económicas que han disfrutado de tiempo libre en todo tipo de formas y se han reinsertado con éxito a la fuerza laboral. Podría llenar el resto de este libro con ejemplos, pero una simple búsqueda de blogs sobre años libres nos ofrecerá muchas páginas con resultados que nos dan una idea de las formas creativas en que la gente pasa su tiempo libre. Tener estos ejemplos y modelos a seguir puede ayudarnos a crear nuestras propias historias que ayudarán a que las personas que nos importan nos apoyen más y se preocupen menos.

Préstele atención a la interrupción laboral (en su currículum)

Los ejemplos de tiempo libre que resonarán más con sus colegas en el mundo corporativo se pueden encontrar al hablar con los empleados de algunas de las listas *Fortune* de las 100 Mejores Empresas para Trabajar. Casi una cuarta parte de las compañías de la lista ofrece sabáticos pagados a los empleados, incluyendo Boston Consulting Group, PricewaterhouseCoopers y General Mills.[6] Los períodos sabáticos que disfrutan los empleados varían en la duración y el enfoque. Los empleados que entrevisté para este libro pasaron sus días sabáticos remunerados viajando a Irlanda con sus hijos durante las vacaciones de verano, viviendo en un apartamento en París durante un mes, caminando en la naturaleza y acampando durante una semana, y tomando unas vacaciones en casa para renovar su hogar.

Muchas corporaciones no ofrecen sabáticos, por lo que puede ser una labor desalentadora explicarles sobre el tiempo libre a los colegas o como parte de una entrevista de trabajo. Algunos períodos de tiempo libre pueden ser demasiado pequeños como para figurar de una manera significativa en su currículum, pero durante períodos más largos de tiempo, es una buena idea tener lista una historia acerca de cómo hizo usted un uso productivo y significativo del tiempo libre. Ser capaz de contar una historia cautivadora e interesante sobre su tiempo libre puede alterar las perspectivas de las personas acerca de ello y hacerles saber que usted no estuvo en el sofá viendo Netflix de manera compulsiva (¡bueno, al menos no todo el tiempo!).

Devin es un gran ejemplo de alguien que desarrolló una historia convincente sobre su tiempo libre. Había pasado casi una década trabajando para la ciudad de Boston o con ella en varias funciones de desarrollo económico antes de ser despedido de su trabajo. No sabía muy bien lo que quería y estaba buscando empleo cuando decidió tomar sus ahorros y partir en un viaje por carretera a través de Estados Unidos, visitando a varios amigos por el camino. «Siempre quise hacer un viaje por carretera, así que decidí que iba a hacerlo. Y ese día busqué a varios amigos que tenía en diferentes ciudades y comencé a trazar una ruta». Devin pasó un mes viajando por Estados Unidos, visitando a sus amigos. Además de hablar sobre la realización de un sueño de larga data, cuando se le preguntó por su tiempo libre, Devin señaló:

> Realmente me preocupo por las ciudades, pues trabajé para la ciudad de Boston en desarrollo económico durante ocho años. De modo que recorrer el país para visitar quince ciudades y ver lo que mis amigos estaban haciendo en esas localidades fue valioso. Es una cosa de la que puedo sacar algo. Puedo aplicarla al trabajo y a cualquier otro empleo que tenga.

Al hablar de hacer realidad un sueño de larga data y de conectar los elementos de su viaje con su trabajo, Devin ha creado una historia convincente, tanto personal como profesionalmente.

Otra opción es incorporar algunas actividades profesionales a su tiempo libre. Asista a una conferencia, escriba algunos artículos profesionales o un blog como invitado, ofrezca sus servicios gratuitos, o tome incluso un «trabajático». Este es un término acuñado por los fundadores del sitio web jobbatical.com, el cual publica oportunidades laborales a corto plazo —de uno a doce meses— provenientes de todo el mundo. Para aquellos que no les importa combinar el trabajo y los viajes, ofrece una manera de hacer ambas cosas.

También puede dejar que su tiempo libre narre su propia historia. Escriba un blog sobre lo que está haciendo, aprendiendo y pensando, documente la felicidad de sus cien días de tiempo libre en Instagram, o utilice Shutterfly y compile sus mejores fotografías en un álbum fotográfico que pueda mostrarles a sus colegas. Tener algo que pueda compartir le ayudará a mantenerse en contacto con sus colegas y amigos, y les dará a las personas una sensación vívida de las formas impresionantes en que usted utilizó su tiempo.

Nadie busca tener tiempo libre, ¿por qué debería hacerlo yo?

Es un poco extraño estar en la posición de abogar por más tiempo libre teniendo en cuenta los argumentos bastante obvios a favor de este: es divertido, relajante y bueno para nuestra salud, puede reducir el estrés, y resulta por lo general beneficioso para las personas que lo disfrutan.[7] Sin embargo, aparentemente hay que plantear esto porque casi la mitad de los estadounidenses (41%) no toman libre siquiera el tiempo limitado y remunerado que recibimos, y mucho menos ningún tipo de tiempo más amplio.[8] Las razones para esto se encuentran básicamente en nuestras mentes, y no en nuestros trabajos. Los empleados tienen miedo de disfrutar de un tiempo libre en especial porque temen encontrarse al regreso con una gran cantidad de trabajo o creen que nadie más puede desempeñar su labor mientras están fuera.[9]

Los beneficios del tiempo libre son mucho más tangibles y abundantes.

Busque tiempo libre para recuperar el equilibrio

Muchos de los jubilados actuales forman parte de una generación que tendía a enfocarse de manera excesiva en el trabajo. Durante sus años productivos, se concentraron en un número limitado de actividades: trabajo, familia y tal vez su césped. Dos semanas libres remuneradas en sus trabajos no ofrecían mucho tiempo para aprender, crecer, explorar el mundo, desarrollar intereses y pasatiempos, o invertir profundamente en los amigos o la comunidad. En consecuencia, los jubilados actuales ven un promedio de cincuenta horas de televisión por semana, según Nielsen.[10]

Podemos evitar los errores de las generaciones anteriores y utilizar el tiempo entre trabajos independientes para diversificar y expandir nuestras vidas personales. Podemos explorar nuestros intereses, practicar como principiantes, desarrollar nuevos pasatiempos y conocer personas. Podemos sacar tiempo para invertirlo en nuestra familia o comunidad, o en una causa u organización que nos interese. Podemos alcanzar un mejor equilibrio.

Veamos el ejemplo de Yoon, quien fue despedida cuando la organización sin fines de lucro que dirigía cerró. Ella estaba mental y emocionalmente agotada luego de trabajar sin descanso durante los últimos cuatro años. Yoon recuerda: «Realmente entregué el corazón y el alma, y cada ápice de mi energía física. Después de un período tan intenso completamente enfocada en su trabajo, ella decidió dedicar dos semanas a visitar a su familia en el extranjero, pasar tiempo con sus numerosos parientes y relajarse profundamente. Cuando llegó, según cuenta, «simplemente saqué ese tiempo para realmente recuperarme y pasar el tiempo haciendo cosas simples, leyendo, viendo Netflix, valorando el tiempo con mi familia». Esas dos semanas en casa se convirtieron en tres meses una vez que se dio cuenta de lo mucho que necesitaba reequilibrarse y dedicar un poco de tiempo a sí misma. Cuando Yoon finalmente regresó a Estados Unidos, se percató de que «quería dedicar más tiempo a cosas que son realmente importantes para mí, y no a mi carrera, porque estaba agotada». Así que se tomó libre otro mes y asistió a un retiro espiritual para explorar su fe. Este período intensamente personal con su familia y en un retiro le dio a Yoon una forma de reequilibrarse y reagruparse después de dedicarle tanta atención y energía a su trabajo.

Busque tiempo libre para refrescarse y revitalizarse

El trabajo puede ser estresante. Muchos trabajadores estadounidenses sufren no solo de estrés crónico, sino también de fatiga a corto y largo plazo. En una entrevista con la revista *Entrepreneur Magazine*, Allison Gabriel, profesora asistente de administración en Virginia Commonwealth University, señala:

> Muchas investigaciones afirman que tenemos un conjunto limitado de recursos cognitivos. Cuando usted está drenando constantemente sus recursos, no está siendo tan productivo como puede ser. Si termina agotado, veremos una disminución en el rendimiento. Usted podría ser menos persistente y tener problemas para resolver tareas.[11]

Buscar tiempo libre más allá de las dos semanas de vacaciones puede ayudar a revitalizarnos y reponer nuestros recursos cognitivos y emocionales que están agotados.

Las empresas que ofrecen sueldo sabático a los empleados lo hacen principalmente para darles la oportunidad de refrescarse y revitalizarse. La Corporación Intel les ofrece a sus empleados ocho semanas de vacaciones pagadas después de siete años de empleo, ya que los empleados regresan «renovados y listos para innovar».[12] Incluso un período relativamente corto de tiempo libre combinado con un sabático digital puede romper con el círculo de «estar siempre conectados» y permitirnos revitalizarnos mentalmente.

Busque tiempo libre para cambiar su perspectiva

Si planea buscar tiempo libre para incluir un cambio radical en su estilo de vida o salir de su zona de confort, esto puede cambiar toda su perspectiva sobre la vida, incluso después de su regreso. Luego de tres años de planeación, Winston Chen dejó su trabajo en una empresa de *software* y se mudó con su esposa y dos hijos pequeños a una isla noruega durante un año para hacer algo «completamente diferente».[13] En un blog que escribió sobre su experiencia, Chen resumió las nuevas sensaciones de confianza y paz que sentía después de regresar a Estados Unidos: «Mi esposa y yo dijimos: "¿Qué es lo peor que puede pasar? ¿Volver y vivir en la isla?". Estábamos vestidos con la armadura de la confianza forjada por el conocimiento recién descubierto de que nuestra familia podía estar muy feliz viviendo con muy poco». El tiempo que pasaron en la isla había cambiado su perspectiva sobre su vida, su trabajo y lo que le había tomado a su familia prosperar y ser feliz. Chen se dio cuenta de que su tiempo libre «no fue solo una aventura memorable. Nos convirtió en personas diferentes». No todos tenemos que mudarnos a una remota isla nórdica para obtener una nueva perspectiva. El tiempo libre para implementar una rutina diferente o dedicarnos a nuevas actividades también pueden constituir una forma poderosa de cambiar nuestras opiniones sobre nosotros mismos y nuestras vidas.

Busque tiempo libre para crear un «espacio intermedio»

Nuestras vidas laborales y domésticas pueden convertirse rápidamente en un ciclo de horarios, ocupaciones y obligaciones, donde todo es trabajo y no hay diversión. Nos sentimos apurados, presionados, estresados y haciendo malabares. No hay un yin para nuestro yang. El autor y conferencista Nilofer Merchant escribe sobre la importancia del «espacio intermedio» en nuestras vidas; esas brechas de tiempo entre terminar una cosa y comenzar otra:

> Todos hemos tenido espacios intermedios. Los veranos cuando estabas joven eran los espacios intermedios de aprendizaje, donde podías dedicar tiempo a jugar y saber que el tiempo de aprendizaje estaba por delante. Es ese tiempo entre concebir a tu hijo y convertirte en padre cuando (si tienes suerte) logras anticipar la alegría, pero no experimentas ninguna de las dificultades. Es el tiempo entre un compromiso y la boda. Incluso en una situación contraria... Después de un divorcio y a medida que aprendes a encontrar tu propia voz de nuevo. Esa época en la que recibiste una oferta de trabajo, pero no habías comenzado todavía. Tal vez incluso durante la búsqueda de un nuevo rol. Tal vez sea tan simple como cuando estás exento de una nueva dirección. Los tiempos intermedios están llenos. De esperanza, ciertamente. Especialmente, de posibilidades.[14]

La economía gig nos ofrece muchas oportunidades para crear, saborear y disfrutar de un amplio tiempo y espacio en nuestras vidas. Siempre que usted esté en transición —cambiando de trabajo o comenzando una nueva actividad, mudándose de ciudad o graduándose— busque oportunidades para cultivar su propio «espacio intermedio».

EL TIEMPO ENTRE TRABAJOS INDEPENDIENTES
REPRESENTA EL NUEVO TIEMPO LIBRE REMUNERADO

En la economía gig tenemos más control sobre nuestro tiempo y sobre nuestro tiempo libre. En lugar de «recibir» dos semanas de tiempo libre remuneradas al año, cada vez depende más de nosotros «buscar» tiempo libre y decidir cómo usarlo. A medida que pasamos de un trabajo independiente a otro, de un empleo a otro y de un proyecto a otro, los descansos naturales, el tiempo de inactividad y las pausas ocurrirán de manera inevitable. Estos interludios son un espacio y un tiempo para hacer una pausa, respirar y reflexionar, y emprender e ir en pos de nuestros sueños.

Sacar más tiempo libre es una habilidad. Si quiere ser bueno en ello, considere:

➤ ¿Cómo puedo anticipar, ahorrar y planear para tener más tiempo libre en la economía gig?

➤ ¿Dónde puedo mantener una lista continua de ideas sobre cómo utilizar mi tiempo libre de una manera que sea deliberada, significativa para mí y esté alineada con mis prioridades?

➤ ¿Soy bueno para comunicar por qué es necesario y qué haría o estoy haciendo con mi tiempo libre?

• *Capítulo siete* •

SEA CONSCIENTE DEL TIEMPO

Estoy feliz de recordar que un día normal lleno simplemente de nada puede hacernos sentir como si nos hubiéramos ganado la lotería.

—SUSAN ORLEAN

Emily se dio cuenta de que necesitaba pensar en su tiempo de un modo diferente cuando pasó de su empleo a tiempo completo como profesora a realizar trabajos independientes múltiples en la edición de libros. Como profesora a tiempo completo, estaba acostumbrada a dedicarle todo su día a su empleador, y creía que un empleado «bueno» y diligente laboraba en el sitio de trabajo por lo menos de 8 a.m. a 6 p.m. Cuando Emily dejó la enseñanza, empezó a trabajar en varias actividades a tiempo parcial como asistente de investigación y publicista de libros. De repente, tuvo cierta flexibilidad para estructurar sus propias horas durante la jornada laboral, porque lo que más importaba era entregar un trabajo de alta calidad, en vez de estar físicamente en una escuela o una oficina durante un número fijo de horas.

Tardó un tiempo en romper con la mentalidad de trabajar de 8 a.m. a 6 p.m. Ella dijo: «Tuve problemas para reconocer o aceptar que mi tiempo era mío. Tenía la costumbre de darle a alguien el control sobre mi tiempo y estar completamente a su disposición». Sin embargo, ella empezó a notar finalmente cuándo hacía su mejor trabajo y cuándo necesitaba descansar. Empezó a adoptar un horario de trabajo matinal, seguido por el almuerzo y una sesión de ejercicio, trabajando después varias horas más desde mediados de la tarde hasta su final, momento en que se detenía a tiempo para disfrutar de cocinar y cenar con su novio. Incluso fue capaz de sacar una tarde a la semana para trabajar con una organización sin fines de lucro. A medida que se acostumbraba a ser dueña de su tiempo, y luego a estructurarlo, sentía que podía ser más eficiente y productiva y hacer un trabajo de mayor calidad. Disfrutó más su trabajo y ahora se siente más sana y feliz.

La economía gig nos ofrece la oportunidad de estructurar y controlar nuestro tiempo de una manera en que nunca pudimos hacerlo como empleados a tiempo completo. Trabajar como contratistas puede darnos una autonomía sin precedentes para decidir dónde, cuándo y cuánto queremos trabajar. Incluso si terminamos trabajando más horas en la economía gig, conservamos más acción, propiedad y control sobre dónde y cuándo tienen lugar esas horas. Estos cambios nos animan a pensar explícitamente sobre nuestro tiempo como un recurso y a ser más deliberados acerca de cómo repartirlo y estructurarlo. También nos dan más oportunidades de alinear nuestro tiempo con nuestras prioridades.

Los empleados tradicionales venden su presencia física, su atención mental y su energía intelectual durante más de cuarenta horas semanales cada semana en la oficina según el horario de la empresa. Si terminan su trabajo a las 3 p.m., permanecen hasta las 5 o 6 p.m. y ven qué otra cosa pueden hacer.

En la economía gig, todavía vendemos nuestro tiempo a los empleadores o clientes, pero no siempre en grandes bloques de cuarenta horas de trabajo y tampoco en los mismos términos. Si vendemos nuestro tiempo, puede ser solo por unos días o parte de una semana. También es más probable que vendamos nuestros resultados, ideas o impacto *en lugar* de una cantidad fija de tiempo. Este es un cambio enorme en cuanto a la manera en que pensamos sobre el trabajo y el tiempo. Como consultores y contratistas, vendemos nuestra habilidad para entregar de manera eficiente y eficaz resultados específicos, y no nuestra voluntad de permanecer en una oficina durante ocho horas todos los días.

Hay algunas evidencias en el sentido de que tener control sobre nuestro tiempo laboral es cada vez más valioso. La Sociedad para la Gestión de Recursos Humanos encontró en una encuesta a los profesionales de recursos humanos que más del 70% de las empresas ofrecía algún tipo de acuerdo flexible en términos laborales, el cual les daba a los empleados más control sobre cuántas horas, cuándo o dónde trabajaban.[1] Cerca de dos tercios (65%) de las organizaciones dijeron que las solicitudes de los empleados para estos acuerdos estaban aumentando. Una encuesta reciente de Ernst & Young encontró que la flexibilidad laboral es un atributo importante, superado solo por la remuneración competitiva que buscan los de la generación del milenio al evaluar un empleo.[2] También se llegó a la conclusión de que no poder trabajar con flexibilidad es una de las cinco razones por las que ellos renuncian a sus empleos.

¿Adónde se va mi tiempo?

El autor L. R. W. Lee señaló que «entre el calendario y la chequera, nuestras prioridades quedan al descubierto». Podemos hablar todo lo que queramos acerca de lo que es importante para nosotros y de lo que valoramos, pero nuestras verdaderas prioridades se revelan en la forma en que empleamos nuestro tiempo y nuestro dinero (¡información anticipada para la sección «Financie la vida que desea»!). Para entender lo deliberados que somos con nuestro tiempo y lo bien alineados que estamos con nuestras prioridades, es útil considerar en serio las palabras de L. R. W. Lee y llevar a cabo un diagnóstico del calendario a fin de determinar cuáles han sido nuestras prioridades.

EJERCICIO

Diagnóstico del calendario

PASO UNO

Piense de nuevo en el capítulo sobre el éxito y las prioridades, y recuerde sus respuestas a las preguntas clave:

◆ ¿Qué aspecto tiene el éxito para mí?

◆ ¿Cuáles son los valores y las prioridades que quiero vivir?

◆ ¿Cuál es mi definición de un buen trabajo, una buena carrera, e incluso de una buena vida?

PASO 2

Abra (o tome) su calendario personal o familiar y revise el año pasado. Responda las siguientes preguntas:

◆ ¿Cuáles fueron mis tres mayores compromisos de tiempo cada mes y cada semana?

◆ ¿Qué hice durante mi tiempo?

◆ ¿Qué hice los fines de semana?

◆ ¿Disfruté de vacaciones o tiempo libre?

PASO 3

Reflexione y responda:

◆ ¿Cuánta alineación hay entre mis prioridades y la manera en que utilicé mi tiempo?

Sea concreto en su respuesta. Si su salud es una prioridad para usted, ¿cuántos días hizo ejercicio? ¿Fue al trabajo en bicicleta? ¿Fue al gimnasio o a una clase de yoga? ¿Cocinó en casa? Para cada una de sus tres prioridades, evalúe la alineación entre ellas y su calendario.

Es probable que su diagnóstico del calendario revele un cierto desajuste entre sus prioridades y la manera como emplea su tiempo. Esto no es raro, porque tenemos varios prejuicios cognitivos o errores de pensamiento que pueden interferir con nuestra capacidad de tomar buenas decisiones sobre la mejor manera de utilizar nuestro tiempo. A medida que lea la siguiente lista, considere: ¿cuáles de estos prejuicios se aplican a mí?

¿Se siente mal por desperdiciar el tiempo?

Somos mucho más propensos a desperdiciar nuestro tiempo que nuestro dinero, porque sentimos un mayor nivel de dolor al perder dinero que al «perder» o desperdiciar el tiempo. Por ejemplo, arrojar un billete de cincuenta dólares a la chimenea nos causa dolor por la pérdida de ese dinero, pero si desperdiciamos una hora delante de ese mismo fuego viendo videos de gatos en Facebook, no sentimos el mismo nivel de dolor.

No tiene sentido que sintamos menos aversión a desperdiciar el tiempo que el dinero, porque a diferencia del dinero, nuestro tiempo aquí en la tierra es muy limitado. A excepción de algunas medidas secundarias, como utilizar cinturones de seguridad, no fumar y emprender otras acciones para prolongar la vida, no hay mucho que podamos hacer para tener más tiempo. No podemos guardar nuestro tiempo y ahorrarlo para su uso posterior, como sí podemos hacerlo con nuestro dinero. La naturaleza fija del tiempo parece requerir que lo tratemos con más cuidado y deliberación que el dinero, pero a menudo no lo hacemos.

Si queremos limitar el tiempo que empleamos en cosas que no son prioridades para nosotros, necesitamos desarrollar formas de hacer que el tiempo perdido sea más doloroso. Podemos lograrlo explícitamente creando opciones concretas, cambiando nuestro lenguaje y llevando la cuenta de nuestro tiempo.

Crear opciones: Podemos preguntarnos cosas como: «¿Quiero ver videos de gatos durante una hora o leer el último número de *The New Yorker*?». Al obligarnos a elegir entre dos opciones concretas, aumentamos nuestra conciencia de cuándo estamos desperdiciando nuestro tiempo o utilizándolo mal.

Cambiar nuestro lenguaje: Laura Vanderkam, autora del libro *168 Hours* [168 horas], sugiere que cambiemos el lenguaje que usamos para hablar sobre nuestras decisiones de tiempo:

> En lugar de decir «no tengo tiempo», trate de decir «no es una prioridad» y vea cómo se siente. Tengo tiempo para planchar mis sábanas, pero no quiero hacerlo. Cambiar nuestro lenguaje nos recuerda que el tiempo es una elección. Si no nos gusta cómo pasamos una hora, podemos elegir otra opción.[3]

Llevar la cuenta del tiempo: Podemos rastrear nuestro uso del tiempo a través de la tecnología y señalar dónde estamos perdiendo el tiempo y necesitamos hacer cambios. Fitbit puede medir el tiempo que pasamos haciendo ejercicio y durmiendo, RescueTime puede controlar cómo usamos nuestro tiempo en la pantalla, y Moment puede decirnos cuánto tiempo pasamos en nuestros teléfonos. La capacidad de cuantificarnos hace que el seguimiento de nuestros hábitos de tiempo diario y la identificación de lo que queremos cambiar sea más fácil que nunca.

¿Dedica tiempo suficiente para recompensas más grandes y a más largo plazo?

Las ganancias a corto plazo son convincentes porque ofrecen gratificación instantánea y un sentido del logro y el progreso. Hablamos brevemente de esta tendencia en el capítulo 1 y utilizamos el artículo de Clayton Christensen. «¿Cómo medirá su vida?», para ilustrarlo. En este artículo, los compañeros de clase de Christensen fueron presa de este prejuicio del corto plazo al invertir de manera excesiva y persistente en «triunfos» y logros laborales inmediatos a expensas de la recompensa a largo plazo de unas relaciones familiares duraderas y amorosas. Esta es una mala asignación del tiempo si nos esforzamos en construir una vida feliz y con significado, pues las relaciones, no nuestras carreras, son las que nos ofrecen esas recompensas.

Este prejuicio cognitivo se denomina *descuento hiperbólico*. Christensen afirma que tenemos que resistir el atractivo de la gratificación a corto plazo y hacer un esfuerzo explícito a fin de hacer que nuestras prioridades a largo plazo reciban la máxima atención para asignarles suficiente tiempo y energía. Al igual que los ejercicios que realizó antes en el capítulo 1, identificar explícitamente nuestras prioridades y valores, y recordárnoslos a nosotros mismos, puede ser una manera efectiva de superar este prejuicio.

¿Sabe cuánto tiempo le cuestan sus cosas?

También tenemos un modelo menos riguroso de contabilidad mental para el tiempo que para el dinero, lo que significa que no llevamos la cuenta de las inversiones de tiempo con tanta minucia como las inversiones de dinero. Estamos más atentos a nuestra chequera que a nuestro calendario. Por ejemplo, si ganamos $75.000 al año, después de restar el 30% de los impuestos, etc., digamos para facilitar las cuentas que nos llevamos a casa alrededor de $1,000 por semana, o $25 por hora. En este ejemplo, un nuevo par de zapatos de $200 nos cuesta el equivalente a un día de trabajo de ocho horas. Sin embargo, la mayoría de nosotros no hacemos los cálculos para relacionar nuestro tiempo con el que nos cuesta pagar por las cosas, así que no pensamos si nos costó ocho horas de trabajo comprar un par de zapatos o a cuántos años de trabajo nos comprometemos cuando compramos una casa.

Para cambiar este prejuicio, podemos comenzar a calcular cuánto tiempo tenemos que trabajar para adquirir bienes materiales en nuestra vida. Eso nos dará el «costo» en tiempo de nuestras compras. También nos ayuda a considerar *para qué* estamos trabajando y si está alineado con nuestras prioridades. Podemos decidir si queremos dedicar nuestras ocho horas de trabajo a comprar un par de zapatos o a pasar una noche con nuestra pareja o amigos, o a otro punto en nuestra lista de prioridades.

Recuperando su tiempo

Las percepciones del diagnóstico del calendario deberían darle ideas sobre cómo reestructurar su tiempo para alinearlo mejor con sus prioridades. Los estudios sobre el uso del tiempo sugieren que no estamos tan ocupados como afirmamos. Nos gusta quejarnos de que no tenemos tiempo, pero la evidencia indica que desperdiciamos el tiempo que tenemos. La Encuesta del Uso del Tiempo de la Oficina de Estadísticas Laborales muestra que tenemos un promedio de cinco a seis horas de tiempo libre por día.[4] Pasamos más de la mitad de ese tiempo viendo televisión y lo hemos hecho persistentemente durante la última década.

Cuando no estamos pegados al televisor, parece que estamos ocupados porque elegimos estarlo. Tim Kreider captó este fenómeno mejor en «La trampa de la "ocupación"», su ensayo del *New York Times*:

Casi siempre hay personas cuya ocupación lamentada es estrictamente autoimpuesta: el trabajo y las obligaciones que han asumido voluntariamente, las clases y las actividades en las que han «alentado» a sus hijos a participar. Están ocupados debido a su propia ambición o impulso o ansiedad, ya que son adictos a la actividad y temen lo que podrían tener que enfrentar en su ausencia [...] la histeria actual no es una condición necesaria o inevitable de la vida; es algo que hemos elegido, aunque solo sea por nuestra aquiescencia a ello.[5]

Si nos sentimos constantemente abrumados, acosados y estresados por la manera en que pasamos nuestro tiempo, es probable que no lo empleemos de una forma que esté alineada con nuestros valores y prioridades. Para invertir en nuestras prioridades, necesitamos desarrollar un plan a fin de borrar nuestras listas de obligaciones existentes que ya no queremos seguir. Las siguientes estrategias, a las cuales llamo las cuatro Ds, pueden ayudar a despejar espacio en nuestro calendario.

Descártelo: Como señala Arianna Huffington, se puede completar un proyecto al descartarlo.[6] Usted puede apartarse simplemente de algunos compromisos o dejar de hacerlos. «No» sigue siendo una frase completa.

Disminúyalo: Reduzca la frecuencia o el tamaño del compromiso. Siga con el voluntariado en su organización sin fines de lucro favorita, pero haga un cambio en los términos. En lugar de aceptar una reunión de treinta minutos más el tiempo de viaje, programe una llamada telefónica de quince minutos.

Difiéralo: Este enfoque elude futuros asuntos importantes, pero a medida que usted emprenda la reestructuración de su tiempo, puede resultarle útil no tratar con todas sus obligaciones existentes a la vez. Cancele algunos compromisos y concédase un poco de espacio para evaluar mejor cómo desea manejarlos.

Deléguelo: La combinación de la economía gig y la tecnología ha hecho mucho más fácil y conveniente delegar como una manera de ahorrar y hacer un mejor uso de nuestro tiempo. No podemos hacerlo todo, por lo que en la medida de lo posible queremos dedicarnos a actividades que se alineen con nuestras prioridades y requieran nuestra atención, habilidades y talentos específicos. Comprar ayuda es comprar tiempo, y funciona mejor si el tiempo que compramos es significativamente más barato que lo que nos pagan por el tiempo que vendemos. No obstante, el costo no es la única consideración. Las tareas que consumen mucho tiempo, que son inconvenientes, que son físicamente demandantes o que implican hacer cosas que realmente nos desagradan son todas candidatas a la subcontratación.

Delegar recados y tareas y subcontratar las cosas tediosas de la vida cotidiana solía ser accesible solo para los ricos. Las compañías que integran la Economía del Personal, como Uber, TaskRabbit, Postmates, Handy e Instacart han reducido drásticamente el precio de la ayuda y afectado la economía de las tareas subcontratadas en las áreas urbanas. Aquellos de nosotros en áreas menos densas podríamos tener que hacer un mayor número de nuestras tareas físicas (o trabajar más duro o pagar más para subcontratarlas), pero aun así podemos delegar el trabajo administrativo, como programar, encargar los correos electrónicos y tareas de organización a un asistente remoto en el país o el extranjero, o a un trabajador independiente en Upwork.

La tecnología también puede ser una fuente de delegación de bajo costo (o gratuita) y ayudar a limitar el tiempo que dedicamos a tareas tediosas. Por ejemplo, si un asistente virtual se sale de su presupuesto, las herramientas de programación como Doodle, ScheduleOnce o YouCanBook.me reducen el tiempo que tarda en programar reuniones y responder a solicitudes, al mismo tiempo que le permiten eliminar múltiples idas y venidas, largas listas de correos electrónicos y compromisos dobles.

El trueque es otra manera de delegar. Aproveche su pasión por la jardinería, esté al aire libre y ofrézcase a arreglar el jardín de su vecina en primavera mientras que, a cambio, ella se libera de su germofobia y limpia en primavera su casa. El contador de mi familia puede canjear sus servicios de preparación de impuestos a cambio de servicios de plomería, labores de mantenimiento, y el retiro de la nieve delante de su casa en invierno. Todos ganan y nadie tiene que pagar. El trueque es una manera perfecta de hacer las cosas que a usted le encantan a cambio de no hacer las cosas que detesta.

Una vez que tenga tiempo y espacio despejados en su calendario mediante la implementación de las cuatro Ds anteriores, puede comenzar a pensar en la reestructuración y la reasignación de su tiempo en el futuro.

Reconstruyendo su calendario: horario del gerente vs. el creador

Comprimir demasiadas actividades en muy poco tiempo hace que sea difícil alcanzar nuestros objetivos primordiales. No podemos profundizar en nuestras conexiones con otros y dedicar una atención significativa a nuestras relaciones importantes si también estamos revisando el correo electrónico o mirando el reloj debido a que estamos programados para hacer otra cosa en diez minutos. A fin de ser tan eficaces y eficientes como sea posible, y tener el tiempo para invertir en nuestras prioridades, necesitamos bloques de tiempo de un tamaño razonable.

Una manera de obtener ese tiempo es aplicando el marco de los horarios del creador vs. el gerente a nuestros calendarios. Paul Graham, de Y Combinator, introdujo el concepto en su blog «Horario del creador, horario del gerente» en el año 2009.[7] Resumiré los conceptos que él presenta, pero vale la pena leerlo en su totalidad.

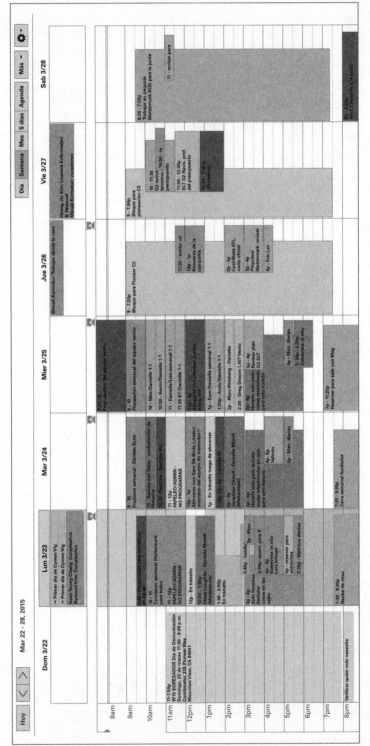

Fuente: medium.com/@DanielleMorrill/warming-up-to-the-manager-s-schedule-e3ec18c7408e#.mkhds7o74 (utilizada con permiso)

El horario del gerente

El horario del gerente es el más familiar para nosotros, ya que es común para los empleados tradicionales y la gerencia (como su nombre lo indica) de las corporaciones. El día está estructurado alrededor de bloques de tiempo de treinta minutos a una hora, en los cuales las reuniones y las llamadas telefónicas tienen lugar a través del día. En la página anterior, se muestra un ejemplo de lo que puede ser un horario del gerente.[8] En este horario, los días laborales son reasignados y divididos en intervalos de una hora o treinta minutos.

Algunos trabajos pertenecen en gran parte al horario del gerente. Si usted es un vendedor, no necesita grandes bloques de tiempo para hacer un trabajo creativo. Lo que necesita son pequeños fragmentos de tiempo para interacciones como llamadas telefónicas, correos electrónicos y visitas a clientes potenciales.

Los trabajos altamente interactivos y de relaciones intensas a menudo se adaptan mejor al horario del gerente.

El horario del creador

El horario del creador es para cualquiera que necesite bloques de tiempo enfocado a fin de pensar y elaborar estrategias o completar tareas y proyectos, lo cual se aplica a muchos de nosotros. Está diseñado para dejar libre todo el día o una parte de este sin interrupciones o compromisos para poder dedicar tiempo y espacio a un proyecto complejo y trabajar en él. Todas las llamadas o reuniones se agrupan y programan en bloques de tiempo designados para que el resto del día laboral quede libre.

Si usted tiene un empleo corporativo a tiempo completo que requiere el horario del gerente, pero necesita tiempo creativo o enfocado, considere implementar el horario del creador uno o dos días por semana, eliminando un mínimo de medio día y retirándose a una sala de conferencias o trabajando desde su casa para abordar un proyecto más grande o a largo plazo. También podemos crear nuestro propio horario del creador por fuera de nuestros trabajos a tiempo completo programando bloques ininterrumpidos de tiempo temprano por la mañana, tarde en la noche o los fines de semana.

Dos colegas míos crearon en diferentes momentos su propio horario del creador con el fin de estudiar para el Examen de Nivel 1 de analista financiero acreditado (CFA, por sus siglas en inglés), el cual abarca seis horas de duración, el primero de una serie de tres rigurosos exámenes necesarios para ser un CFA. En promedio, los profesionales que se preparan para el examen pasan alrededor de 300 horas estudiando para el mismo. Mis dos colegas tenían familias jóvenes y empleos a tiempo completo vinculados a un horario del gerente, por lo que no pudieron sacar un bloque de tiempo de su horario laboral o sus noches y fines de semana. En su lugar, y a fin de sacar tiempo para estudiar, llegaban todos los días a la oficina a las 5:30 a.m. y estudiaban hasta las ocho de la mañana. Ellos mantuvieron esta rutina durante varios meses. Este horario tiene poco de fácil o atractivo, y ciertamente requería algunas negociaciones en sus hogares, pero les dio los bloques de tiempo que necesitaban para estudiar y prepararse. ¡Y ambos aprobaron el examen!

Si el horario del gerente o del creador, o un híbrido de ambos, es adecuado para usted, reconstruir su horario desde cero puede ser una manera útil para reasignar y priorizar de nuevo su tiempo. Comience con un mes en blanco y empiece a llenar los «bloques» de tiempo dedicados que representan inversiones de tiempo en sus prioridades principales. Comience a llenar las tareas y actividades más importantes y de alta prioridad y siga a partir de allí.

Iniciar con un mes limpio y reservar bloques de tiempo para actividades específicas nos obliga a ser implacablemente definitivos sobre aquello que es importante. Es mejor hacer primero este ejercicio por nuestra cuenta y luego con otra persona: un compañero de trabajo o jefe para nuestro horario de trabajo, y nuestro cónyuge o un amigo cercano para nuestro calendario familiar/personal. La mirada de otra persona puede ofrecernos la perspectiva y la distancia para ayudarnos a identificar los compromisos de tiempo con los que no parecemos entusiasmados o que hemos aceptado debido a la presión, la culpa o a un falso sentido del deber.

Este es un ejemplo de un calendario reconstruido que incorpora el horario de un creador. Los bloques de tiempo designados representan prioridades durante el día.

Construir un calendario desde cero es un ejercicio valioso para aclarar nuestras prioridades en nuestras mentes, así como en nuestros horarios. Hasta ahora, los ejemplos han incluido solo una reestructuración del tiempo laboral, pero el mejor ejercicio se realiza asignando y estructurando todo nuestro tiempo para incorporar nuestras prioridades y compromisos personales.

La pérdida del tiempo corporativo

Pasar de un horario del gerente al de un creador no es fácil. Incluso si el horario de un creador fuera el mejor para el trabajo que usted hace, puede ser difícil implementarlo si trabaja a tiempo completo para una empresa.

La mayoría de las empresas administran su tiempo increíblemente mal. Llevan la cuenta obsesivamente y limitan las horas de los empleados fuera de la oficina —el tiempo de vacaciones, el tiempo pagado, e incluso el tiempo de trabajo a distancia— pero una vez que el empleado está físicamente en la oficina, no hay prácticamente ningún control de costos, límites o supervisiones para administrar el tiempo de trabajo. El tiempo corporativo se pierde en correos electrónicos, llamadas en conferencia y reuniones que no son monitoreadas o rastreadas (a pesar de la disponibilidad de tecnología para hacerlo), por lo que se multiplican y se expanden libremente para llenar el vacío de la jornada laboral. Las oficinas en espacios abiertos y las políticas de puertas abiertas garantizan interrupciones y distracciones que pueden dificultar nuestro trabajo, o hacer que este sea ineficiente. Dado el enfoque incontrolado, no

	Dom 3/22	Lun 3/23	Mar 3/24	Mier 3/25	Jue 3/26	Vie 3/27	Sab 3/28
6am							
7am							
8am		7:30 - 8:30 VIAJE DIARIO EN LA MAÑANA Y CAFÉ	7:30 - 8:30 VIAJE DIARIO EN LA MAÑANA Y CAFÉ	7:30 - 8:30 VIAJE DIARIO EN LA MAÑANA Y CAFÉ	7:30 - 8:30 VIAJE DIARIO EN LA MAÑANA Y CAFÉ	7:30 - 8:30 VIAJE DIARIO EN LA MAÑANA Y CAFÉ	
9am		8:30 - 11 Reunión matinal SOLO INTERNA	8:30 - 11 Reunión matinal SOLO INTERNA	8:30 - 11 Reunión matinal SOLO INTERNA	8:30 - 11 Reunión matinal SOLO INTERNA	9:30 - 11 Reunión matinal SOLO INTERNA	
10am							
11am		11 - 12p PAPELEO/ADMIN NO AGENDAR	11 - 12p PAPELEO/ADMIN NO AGENDAR	11 - 12p PAPELEO/ADMIN NO AGENDAR	11 - 12p PAPELEO/ADMIN NO AGENDAR	11 - 12p PAPELEO/ADMIN NO AGENDAR	
12pm		12p - 1:30p SOLO REUNIONES DE ALMUERZO PUEDO AGENDAR SOLO EL BLOQUE DEL ALMUERZO	12p - 1:30p SOLO REUNIONES DE ALMUERZO PUEDO AGENDAR SOLO EL BLOQUE DEL ALMUERZO	12p - 1:30p SOLO REUNIONES DE ALMUERZO PUEDO AGENDAR SOLO EL BLOQUE DEL ALMUERZO	12p - 1:30p SOLO REUNIONES DE ALMUERZO PUEDO AGENDAR SOLO EL BLOQUE DEL ALMUERZO	12p - 1:30p SOLO REUNIONES DE ALMUERZO PUEDO AGENDAR SOLO EL BLOQUE DEL ALMUERZO	
1pm		1:30p - 5:20p Reuniones por fuera Claudia puede agendar	1:30p - 5:20p Reuniones por fuera Claudia puede agendar	1:30p - 5:20p Reuniones por fuera Claudia puede agendar	1:30p - 5:20p Reuniones por fuera Claudia puede agendar	1:30p - 3:20p Reuniones por fuera Claudia puede agendar	
2pm							
3pm						3p - 5:20p NO AGENDAR Reuniones de la empresa y hora feliz	
4pm							
5pm		5:30p - 8:20p Cita nocturna	5:30p - 8:20p Cena para los fundadores				
6pm							
7pm							
8pm							
9pm	9:30p - Enviar métricas a Brad	9:30p - Enviar métricas a Brad	9:30p - Enviar métricas a Brad	9:30p - Enviar métricas a Brad	9:30p - Enviar métricas a Brad	9:30p - Enviar métricas a Brad	9:30p - Enviar métricas a Brad
10pm							

Fuente: medium.com/@DanielleMorrill/warming-up-to-the-manager-s-schedule-e3ec18c7408e#.mkhds7o74 (utilizada con permiso)

administrado y del «todo vale» en relación con la gestión del tiempo en la mayoría de las empresas, puede ser casi imposible nadar contra la marea de las normas corporativas para implementar su propio sistema de gestión del tiempo.

También puede ser difícil cambiar las prácticas de gestión del tiempo debido a que muchos empleados padecen de *impotencia aprendida* con respecto a su tiempo en la oficina. La *impotencia aprendida* es un fenómeno psicológico que aparece cuando las personas se ven obligada a soportar sucesos o consecuencias negativas sobre las cuales no tienen control. En la demostración clásica de la impotencia aprendida:

> Los sujetos se dividen aleatoriamente en tres grupos. Los del primero están expuestos a un ruido fuerte y molesto que pueden detener presionando un botón delante de ellos. Los que están en el segundo grupo oyen el mismo ruido, pero no pueden apagarlo aunque se esfuercen. Los del tercero, el grupo de control, no oyen nada. Más tarde, típicamente al día siguiente, los sujetos se enfrentan a una situación completamente nueva que implica una vez más el ruido. Para apagarlo, todo lo que tienen que hacer es mover sus manos en un diámetro de casi doce pulgadas. Las personas del primer y el tercer grupo resuelven esto y aprenden a evitar el ruido. Sin embargo, los del segundo grupo normalmente no hacen nada. Ellos fracasaron en la primera fase, se dieron cuenta de que no tenían control y se volvieron pasivos. En la segunda fase, y al esperar más fracasos, ni siquiera intentan actuar. Han aprendido lo que es la impotencia.[9]

Los empleados que intentan manejar estratégicamente su tiempo en la oficina pueden tener la misma experiencia. Si no asisten a las reuniones o se niegan a pasar tiempo estando presentes, las corporaciones responden con el equivalente del ruido fuerte que no podemos acallar: falta de flexibilidad, de apoyo y reprimendas. Con el tiempo, y luego de esperar más fracasos, los empleados ni siquiera tratan de optimizar su tiempo.

El resultado es que los altos costos y las ineficiencias se acumulan. Los empleados se sienten insatisfechos con los horarios rígidos que los obligan a trabajar de manera ineficiente o menos productiva, y adquieren malos hábitos de gestión del tiempo. Afortunadamente, la economía gig nos ofrece opciones para escapar de esta disfunción de la pérdida de tiempo corporativo en la que todos salen perjudicados.

Los trabajadores independientes conservan la autonomía, el control y la flexibilidad con respecto a su jornada laboral, y son razonablemente libres para programar y asignar su tiempo a fin de maximizar su productividad y resultados. La economía gig valora las habilidades por encima de todo, por lo que el talento que está en demanda, los trabajadores que obtienen buenos resultados y los empleados con una buena estrategia de salida también están bien posicionados para mantener el control de su tiempo laboral. Tienen menos que perder al ignorar las normas corporativas y administrar a su manera su propio tiempo.

Expandiendo el tiempo

Todo este trabajo de diagnóstico, reestructuración y reconstrucción de nuestros calendarios puede ayudarnos a invertir mejor y dedicar nuestro tiempo a nuestras prioridades más importantes. Lo que no puede hacer es cambiar la cantidad de tiempo que tenemos, aunque hay maneras en que podemos cambiar cuánto tiempo creemos tener. Sentir que tenemos más tiempo puede ayudar a sentirnos menos ocupados, más relajados y más presentes. Existen varias maneras en que podemos crear la sensación de tener más tiempo:

Expanda el tiempo participando en nuevas experiencias

Todos somos dolorosamente conscientes de cómo el tiempo parece acelerarse a medida que envejecemos. Aquellos interminables días de verano que disfrutábamos cuando éramos niños pasan ahora en un abrir y cerrar de ojos como adultos. David Eagleman, neurocientífico en la Escuela de Medicina de Baylor, explica esta diferencia en la percepción del tiempo relacionada con la edad.[10] Su investigación demuestra que las nuevas experiencias requieren más tiempo para que nuestros cerebros las procesen que las conocidas, haciendo que nuestra percepción de ese tiempo parezca más larga. A medida que envejecemos, un mayor número de nuestras experiencias son familiares y se procesan con rapidez, lo que hace que el tiempo parezca transcurrir más rápido. Percibimos que el tiempo está volando. Si quiere que el tiempo transcurra con mayor lentitud, participe en nuevas experiencias. Siga aprendiendo, conociendo personas, viajando a lugares en los que nunca ha estado y desafíese a intentar nuevas actividades. El tiempo parecerá transcurrir con mayor lentitud (y será más interesante).

Expanda el tiempo adquiriendo poder

Las personas en posiciones relativas de poder —jefe vs. empleado, o entrevistador vs. entrevistado— sienten que tienen más tiempo. Investigaciones de la Universidad de California en Berkeley encontraron que los individuos con un alto poder percibieron que tenían más tiempo, en parte debido a la percepción de que tienen más control sobre su tiempo. Las implicaciones para la economía gig son positivas. A medida que tenemos más control sobre nuestro tiempo y asumimos el papel menos poderoso del empleado con menor frecuencia, deberíamos comenzar a sentir que tenemos más tiempo disponible.[11]

Expanda el tiempo donando tiempo libre

Si ya nos estamos sintiendo cortos de tiempo, parece contradictorio recomendar donarlo al ayudar a otros o mediante trabajos de voluntariado. Sin embargo, un estudio psicológico reciente de la Escuela Wharton de la Universidad de Pensilvania encontró que donar nuestro tiempo para ayudar a otros nos hace sentir menos estresados y apresurados, percibiendo que tenemos más tiempo. La razón es que las personas que donan su tiempo se sienten más «capaces, confiadas y útiles» y consideran que han logrado algo. Este sentimiento general de autoeficacia hace que el tiempo parezca más extenso, y surge incluso cuando pasamos cantidades muy cortas de tiempo (¡solo diez minutos!) ayudando a otros.[12]

Expanda el tiempo combinando tareas físicas y mentales

Los cerebros humanos no están optimizados para las multitareas. La excepción es la multitarea que utiliza diferentes canales sensoriales, como caminar mientras escuchamos un *podcast* o hablar con una amiga mientras lavamos los platos. Al combinar actividades físicas, como caminar o hacer las tareas domésticas, con mentales, como escuchar o hablar, podremos hacer ambas de manera apropiada y eficaz.

SER CONSCIENTE DEL TIEMPO REPRESENTA
LA NUEVA OCUPACIÓN

La economía gig nos da una mayor oportunidad de apropiarnos más de nuestro tiempo y alinearlo con nuestras prioridades.

Mientras contempla reestructurar su tiempo, considere:

➤ ¿Cómo puedo pasar el tiempo de maneras que estén más alineadas con mis prioridades?

➤ ¿Podría alinear mejor mi tiempo y prioridades al considerar el marco del creador/gerente y al reconstruir mi calendario?

➤ ¿Cómo puedo expandir mi tiempo para sentirme menos ocupado?

Tercera parte

FINANCIE LA VIDA QUE *desea*

• *Capítulo ocho* •

SEA FLEXIBLE EN TÉRMINOS FINANCIEROS

La paradoja estadounidense:

Más que nunca, a finales del siglo pasado nos encontramos con casas grandes y hogares rotos, altos ingresos y baja moral [...] Estábamos sobresaliendo en ganarnos la vida, pero fallando demasiado a menudo en forjarnos una vida. Celebrábamos nuestra prosperidad, pero deseábamos un propósito. Queríamos nuestras libertades, pero anhelábamos una conexión. En una época de abundancia, estábamos sintiendo hambre espiritual.

—DAVID MYERS

La economía gig nos obliga a reconsiderar cómo pensamos en el dinero. Un estilo de vida de altos costos fijos financiados con deudas podría ser sostenible (aunque no ideal) en una economía de sueldos fijos y trabajos seguros a largo plazo, pero ya no vivimos en ese mundo. Ningún trabajo es seguro, y podemos esperar que nuestros ingresos varíen en nuestras vidas laborales. Para tener éxito en la economía gig, necesitamos crear una vida financieramente flexible de menores costos fijos, mayores ahorros y una deuda mucho menor.

Cuando imparto la sección financiera de mi curso de maestría sobre la economía gig, siempre hay algunos estudiantes que se dan cuenta de que están pagando por una vida que no quieren. Las consecuencias de esa comprensión son ocasionalmente dramáticas. He tenido graduados que hacen cambios significativos como mudarse de los suburbios a la ciudad o a otra parte del país. Varios han dejado sus trabajos, rechazado ofertas laborales, o desistido de ser reclutados para empleos que requieren un postgrado. Han aceptado recortes de sueldo para hacer el trabajo que disfrutan, han viajado o iniciado sus propios negocios. Algunos me han pedido incluso que me reúna con ellos y sus cónyuges para facilitar una discusión sobre la reestructuración completa de la vida de sus familias.

Esta sección no constituye un enfoque incremental y de «ahorre el dinero de sus cafés» con respecto a la planeación financiera. Se trata de algo más profundo y más amplio que eso. Más profundo en el sentido de que el objetivo es estructurar un plan financiero alineado con sus prioridades y valores, y no solo para reducir los gastos. Más amplio en el sentido en que veremos opciones para aumentar los ingresos y ahorros, además de reducir los gastos. La escuela de pensamiento de «ahorrar el dinero de los cafés» asume una visión en su mayoría unilateral de la gestión del dinero, centrándose casi en su totalidad en reducir los gastos y casi nada en la generación de más ingresos. Es el enfoque de «mucha dieta y nada de ejercicio» con respecto a la salud financiera lo que evitaremos.

Demasiados asesores financieros evitan confrontar la realidad de que, aunque nuestras vidas financieras se vean afectadas por las pequeñas elecciones diarias, las mayores decisiones que hacemos son las que crean o destruyen nuestra salud financiera. Reducir el número de cafés matinales o llevar su almuerzo al trabajo todos los días en lugar de comer fuera le ahorrará dinero, pero la cantidad palidece en comparación con lo que usted gasta en una hipoteca y los pagos del auto. La vivienda y el transporte son las opciones financieras más importantes y representan alrededor de la mitad de los gastos familiares en promedio.[1]

Si desea transformar su vida financiera, comience por evaluar sus mayores decisiones financieras, y no las más pequeñas.

Robert es un buen ejemplo de alguien que evaluó y reestructuró su vida financiera. Era vicepresidente de una gran compañía del Medio Oeste hasta que fue despedido inesperadamente como parte de una reducción de la empresa. Robert recibió un paquete de indemnización que le dio «un camino financiero para respirar», pero el camino no era largo, y él estaba ansioso por conseguir su próximo empleo. Tenía tres hijos pequeños, una gran hipoteca, y era el único sostén de la familia. Comenzó a aplicar incansablemente para puestos de trabajo y a seguir cualquier pista que parecía resultar en un cargo bien pagado y un renovado sentimiento de seguridad financiera para sí mismo, su esposa y sus hijos.

El punto de inflexión en su búsqueda se produjo cuando una llamada entre él y yo se convirtió inesperadamente en una conversación sobre las preguntas centrales que Robert comprendió que necesitaba abordar: ¿qué tipo de trabajo quería hacer? ¿Dónde quería vivir? ¿Cuáles eran sus prioridades? ¿Cómo quería que fuera su vida familiar en la próxima década?

Robert y su esposa comenzaron, por primera vez en mucho tiempo, a tener conversaciones sobre la estructura fundamental de sus vidas: ¿qué valores eran los más importantes para ellos? ¿Qué tipo de experiencia familiar querían establecer para sus hijos? ¿Qué tan importantes eran los estándares tradicionales de éxito material y financiero para ellos? ¿Qué les importaba *realmente*? Resultó que sus respuestas no se correspondían con la vida que estaban llevando.

Esa comprensión los llevó a reestructurar sus vidas de arriba a abajo. Decidieron regresar a Kansas City para estar cerca de su familia extendida, lo cual era una prioridad importante para ellos, pero que no habían estado atendiendo. Vendieron su gran casa en un lujoso suburbio de St. Louis y se mudaron a otra mucho más modesta en Kansas City. Muchas personas ven la reducción como un resultado negativo, pero Robert no puede estar más en desacuerdo. Para él, la reducción creó un sentido de seguridad financiera y libertad en la vida de su familia. Le ayudó a obtener una sensación de control sobre sus finanzas que ha reducido su ansiedad, su dependencia económica de su trabajo, y le permitió a su familia comenzar a viajar juntos de forma regular, algo que Robert y su esposa habían decidido que era una experiencia importante (y un conjunto de recuerdos) que querían transmitirles a sus hijos.

Dos años después de dejar la compañía, Robert y su familia se sienten mucho más felices y seguros en su nueva vida en Kansas City. Él dice: «Estoy mucho más preparado financiera y emocionalmente para mi próxima transición, y mi vida está mucho más alineada con mis prioridades». Al igual que Robert, su versión del sueño americano podría ser más barata e implicar una deuda mucho menor que la versión tradicional. Usted también podría estar dispuesto a reducirse para adquirir una mayor flexibilidad y centrarse en sus prioridades. Tener «suficiente» dinero para vivir el sueño americano depende de cuál sea su versión de ese sueño.

Al final, un buen plan financiero no consiste en reducir sus gastos de por sí; consiste en asegurarse de que gaste lo que tiene de una manera que sea significativa para usted.

Antes de discutir maneras de cambiar su vida financiera, tiene sentido evaluar dónde está hoy usted. Teniendo en cuenta la cita del capítulo 7 de que «entre el calendario y la chequera, nuestras prioridades quedan al descubierto», este ejercicio le pide que haga un «diagnóstico de la chequera» para ayudarle a evaluar la alineación entre sus prioridades y gastos.

EJERCICIO

Diagnóstico de la chequera

PASO 1: RECONSIDERAR MIS PRIORIDADES

El primer paso es considerar sus respuestas a tres preguntas clave planteadas en el ejercicio del capítulo 1:

◆ ¿Qué aspecto tiene el éxito para mí?

◆ ¿Cuáles son los valores y las prioridades que quiero vivir?

◆ ¿Cuál es mi definición de un buen trabajo, una buena carrera, e incluso de una buena vida?

PASO 2: AUDITAR MI GASTOS

Recopile los datos de sus gastos desde cualquier lugar en que lo haga (su tablero Quicken, Mint.com, los estados de cuenta de su tarjeta de crédito, sus estados de cuenta bancarios o su chequera; si no hace un seguimiento de esto, comience a hacerlo usando una de estas herramientas). Revise el año anterior y examine cómo gastó su dinero. Responda las siguientes preguntas:

◆ ¿Cuáles fueron mis cinco mayores compromisos financieros cada mes y para el año?

◆ ¿En qué gasté mi dinero? Divida el gasto en categorías para ayudarle a ver en qué lo gasta y a evaluar sus categorías más grandes.

◆ ¿Qué vida estoy comprando?

◆ ¿Es esta la vida que quiero?

PASO 3: EVALUAR SI MIS GASTOS ESTÁN ALINEADOS CON MIS PRIORIDADES

Retroceda y reflexione sobre estas preguntas:

◆ ¿Cuánta alineación hay entre mis prioridades y mis gastos?

◆ ¿Mis cinco mayores compromisos financieros me llevan más cerca o más lejos de una vida alineada con mis prioridades?

Sea concreto en sus respuestas. Si una prioridad principal para usted es la familia, ¿cuánto dinero gastó en experiencias conjuntas (salidas, vacaciones, cenas juntos, membresías familiares, etc.) en comparación con las actividades individuales? Si hay una desalineación, considere:

◆ ¿Qué cambios puedo hacer, y estoy dispuesto a hacer, para alinear mejor mi dinero y mis prioridades?

Si usted es como Robert y siente que su vida está en sincronía con sus prioridades, ¡felicitaciones!, le será fácil analizar este capítulo.

De lo contrario, una vez que haya reconsiderado sus prioridades y realizado el diagnóstico de la chequera, puede utilizar el resto de este capítulo para explorar formas concretas de reestructurar sus finanzas y aumentar la flexibilidad financiera en su vida.

Aumente la flexibilidad financiera ganando más dinero

La economía gig nos ofrece numerosas oportunidades para generar ingresos adicionales en nuestro propio horario. Podemos monetizar actividades adicionales (lo que discutimos en detalle en el capítulo 8), alquilar nuestros activos existentes (por ejemplo, poner una habitación en Airbnb), o buscar oportunidades de trabajos independientes según la demanda como pujar por actividades en Upwork o Experfy, o encontrar trabajo en HourlyNerd. Nunca ha sido más fácil, o más conveniente, trabajar horas adicionales en nuestro propio horario y generar ingresos incrementales.

Una estrategia, ya sea que tengamos un empleo o estemos trabajando de forma independiente, es persistir en buscar oportunidades para aumentar nuestros ingresos. Si estamos en un trabajo tradicional a tiempo completo, debemos evaluar periódicamente la posibilidad de negociar un aumento, un bono basado en el desempeño o un posicionamiento para una promoción. Si nuestro empleo actual no ofrece muchas oportunidades de crecimiento u ascenso, considere el cambio de empleo como una forma de asumir más responsabilidades o aumentar la compensación.

Otra estrategia, si estamos trabajando como contratistas o consultores, consiste en revisar regularmente nuestra estrategia de precios en comparación con las tasas vigentes del mercado. Es común en los primeros días en que trabajamos de forma independiente, cuando abrimos un negocio de servicios, cobrar tarifas por debajo del mercado para atraer usuarios y construir una base de clientes. Al cobrar precios más bajos es más fácil conseguir clientes y adquirir la experiencia que necesitamos para consolidar nuestras referencias, mejorar nuestra reputación y posicionarnos mejor para trabajos futuros. Cuando nos damos cuenta de que tenemos demasiada demanda de nuestros servicios y podemos rechazar oportunidades, eso podría significar que es hora de aumentar las tarifas.

Una estrategia final es considerar el cambio del cliente que constituye nuestro principal objetivo para que podamos apuntar a empresas más grandes o pujar en proyectos de mayor envergadura.

Theresa logró aumentar los ingresos de su negocio ejecutando las dos últimas de estas estrategias. Comenzó su carrera como instructora a mediana edad después de dejar su trabajo corporativo, se certificó como instructora y comenzó su propio negocio. Mientras todavía era una instructora nueva, ella desarrolló su negocio cobrando tarifas por debajo del mercado y trabajando principalmente con personas. Esta estrategia funcionó, y pronto estuvo ocupada con una lista casi llena de clientes. Decidiendo que quería aumentar sus ingresos y trabajar más con los líderes empresariales, Theresa aumentó sus tarifas y comenzó a apuntar a pequeñas y medianas empresas, donde podría adquirir compromisos trabajando con varios miembros de un equipo ejecutivo. Esta estrategia le funcionó. Ella ha desarrollado una especialidad trabajando con mujeres empresarias y emprendedoras, y cobra tarifas iguales o superiores a las del mercado por sus servicios. Theresa gana más dinero trabajando con menos clientes.

Hemos hablado hasta ahora solo de aumentar nuestros ingresos laborales (también llamados *ingresos devengados*) versus invertir (*ingresos no devengados*). La mayoría de los estadounidenses genera su remuneración a partir de los ingresos devengados. Un análisis del Centro Urban-Brookings de Política Tributaria muestra que el 64% de los estadounidenses reciben sus ingresos por medio de un sueldo.[2] Es posible lograr una seguridad y comodidad financiera a través de ingresos devengados, pero es difícil hacerse rico, ya que nuestros ingresos devengados están limitados por las horas finitas de nuestro trabajo que podemos vender.

Los ingresos pasivos, o ingresos no devengados, provienen de nuestras inversiones: en bienes raíces, el mercado de valores y los negocios. Estos ingresos producto de la inversión son lo que crea riqueza con mayor frecuencia. El estudio de Urban-Brookings encontró que el 1% de los estadounidenses obtiene la mayoría de sus ingresos (el 53%) a partir de fuentes pasivas y no de un salario. Esto es más volátil y de mayor riesgo que los ingresos laborales, pero ofrece una recompensa potencialmente mayor. Los ingresos pasivos se producen al alquilar nuestras casas o al ser dueños de un negocio por medio de la propiedad directa, de participaciones accionarias o de acciones de empleados que muchas compañías otorgan a su personal. Podemos generar ingresos pasivos luego de invertir nuestra cuenta de jubilación y ahorros en el mercado de valores. Buscar trabajo en una empresa que ofrezca planes de indemnización es otra forma de aumentar los ingresos pasivos, al igual que alquilar cualquier propiedad inmobiliaria que usted posea o tenga en arriendo. A medida que considera las opciones para ganar más dinero, piense en maneras en que pueda ganar más en su trabajo, así como generar ingresos pasivos.

Aumente la flexibilidad financiera ahorrando dinero

Los ahorros nos dan flexibilidad, crean opciones en nuestra vida y amortiguan el golpe de reveses financieros inesperados como la pérdida del empleo o un gasto imprevisto. Una vez que hayamos reservado los ahorros, podemos considerar dejar ese trabajo tedioso y dedicar tiempo a encontrar el siguiente paso correcto. Podemos planear esas vacaciones memorables en familia, permanecer en casa con nuestros hijos, ir a la boda de nuestro mejor amigo en otro lugar, y tener la capacidad financiera a fin de tomar otras decisiones que son importantes para nosotros. También podemos superar reveses inesperados con mayor facilidad. Un gasto sorpresivo de salud o por la reparación del automóvil no se convertirá en una crisis si tenemos ahorros en el banco. Los ahorros nos dan flexibilidad y opciones. La forma de consolidar esos ahorros de manera rápida y constante es viviendo por debajo de nuestros medios, todo el tiempo y para siempre. Deje de comprar sus cafés si desea y ahorre tres dólares al día, pero hay otras formas de mayor impacto para vivir por debajo de sus medios.

Ahorre dinero viviendo con un salario

Si usted es parte de una pareja o familia con dos ingresos, una de las decisiones financieras más impactantes que puede hacer es vivir completamente de un sueldo mientras ahorra el otro. Vivir de un salario libera el otro para acelerar su tasa de ahorros, pagar deudas, o crear una protección financiera. Vivir con un solo ingreso también le impide incrementar con demasiada rapidez su estilo de vida más allá de lo que puede ganar de manera sostenible.

Digamos que usted es parte de una pareja y que cada uno gana $75.000 al año, para un ingreso familiar de $150.000. Suponiendo una tasa impositiva total del 30%, cada uno de ustedes lleva a casa $52.500. Si viven con un solo salario, podrían ahorrar (o pagar en deudas o invertir) más de $50.000 por año. Se trata de una estrategia poderosa.

Guarde dinero ahorrando las ganancias imprevistas

Si le está yendo bien en su carrera, es posible que se encuentre en la situación afortunada de recibir más ingresos de lo esperado debido a bonificaciones, aumentos, la obtención de un proyecto extra, el hecho de haber sido galardonado con unos pocos meses adicionales de trabajo, o al recibir un proyecto inesperado de un cliente clave. A veces la vida nos da una sorpresa en efectivo, un reembolso de impuestos inesperado, un regalo monetario, una herencia o un pago de indemnización por despido. Cuando ocurran estos sucesos afortunados, adquiera el hábito de depositar automáticamente el dinero adicional e inesperado que reciba. Ahorrar la mayor parte o la totalidad de esas ganancias inesperadas puede reforzar sus reservas de efectivo o reducir considerablemente su deuda poniéndolo por delante de lo programado para lograr sus metas financieras.

Ahorre dinero aprovechando al máximo las ventajas corporativas

El tiempo que pasamos trabajando en un empleo tradicional a tiempo completo es una gran oportunidad para ahorrar. Incluso si devengamos los mismos ingresos que cuando estábamos trabajando de forma independiente, nuestros gastos serán menores.

Cuando trabajamos a tiempo completo, nuestra tasa de impuestos es menor que cuando trabajamos de forma independiente, pues ya no estamos pagando los impuestos del empleador. Esta tasa de impuestos más baja, combinada con un salario estable, crea una buena oportunidad para implementar un plan automático a fin de ahorrar un porcentaje fijo en cada período de pago.

Nuestros costos de seguro y beneficios tienden a ser más bajos cuando somos empleados. También tendemos a tener una mejor cobertura de seguro, por lo que podemos aprovechar para programar todos nuestros cuidados médicos básicos y chequeos durante este tiempo de modo que podamos minimizar los gastos que salen de nuestro bolsillo.

Tener un empleo corporativo a tiempo completo puede darnos acceso a una gama de beneficios. Podemos aprovechar el plan de jubilación 401(k) que ofrece la mayoría de las empresas, así como los beneficios del tiempo libre remunerado y el reembolso por concepto de educación, capacitación y otras oportunidades de desarrollo profesional y conexiones, como asistir a conferencias. Si usted tiene un trabajo a tiempo completo, maximice su uso de los beneficios que le ofrece.

Aumente la flexibilidad financiera manteniendo baja su tasa de consumo personal

En el mundo de las empresas emergentes, los inversionistas y los empresarios hablan de la *tasa de consumo* mensual de una empresa, que es la cantidad neta de dinero que la compañía gasta cada mes, o el flujo financiero negativo. Por ejemplo, una joven empresa tecnológica que no ha comenzado a generar ingresos, con gastos de $25.000 al mes, tiene una tasa de consumo de $25.000 al mes. Si la compañía genera ingresos de $20.000 al mes, su tasa de consumo sería de $5.000 mensuales. La manera de maximizar la flexibilidad financiera es manteniendo baja la tasa de consumo.

EJERCICIO

Determine su tasa de consumo personal

PASO 1: CONTABILICE SUS AHORROS

Añada cualquier ahorro líquido, incluyendo dinero en efectivo en el banco, certificados de depósitos (CD) a corto plazo, e inversiones en acciones/fondos (sin incluir las cuentas de jubilación).

PASO 2: DETERMINE SU TASA DE CONSUMO PERSONAL

Utilizando la información financiera que ha recopilado para el diagnóstico de la chequera, sume el total de todos sus gastos por mes y por año. La suma de sus gastos es su tasa de consumo (estamos asumiendo para los propósitos de este paso que usted no tiene ingresos, ya que ha hecho una pausa en sus actividades y no está trabajando).

Divida sus ahorros del Paso 1 entre su tasa de consumo personal mensual del Paso 2 y tendrá una idea preliminar del número de meses en que podría llevar su estilo de vida actual si no obtiene ingresos. Este es un indicador de cuánta flexibilidad financiera posee en su vida. Mientras más pueda cubrir sus gastos mensuales, más flexibilidad tendrá.

PASO 3: ENTIENDA SU TASA DE CONSUMO PERSONAL

Responda las siguientes preguntas para identificar mejor lo que impulsa su tasa de consumo personal.

◆ ¿Cuáles son mis gastos principales?

◆ ¿Puedo reducir o eliminar cualquiera de esos compromisos o hábitos?

◆ ¿Cuál es la tasa mínima de consumo que podría alcanzar de inmediato si tuviera que hacerlo?

◆ ¿Cuál es la tasa mínima de consumo que podría lograr con seis meses de planeación?

PASO 4: CALCULE SU FLEXIBILIDAD FINANCIERA
· ·

Para completar el ejercicio, compare su actual ingreso mensual con su tasa de consumo personal actual. Responda las siguientes preguntas:

◆ ¿Cuántos ingresos necesito ganar para cubrir mi tasa de consumo personal y tener todavía dinero disponible para ahorrar?

◆ ¿Estoy viviendo por encima o por debajo de mis capacidades?

◆ ¿Por qué cantidad?

Este ejercicio lo ayudará a obtener un sentido preliminar del nivel de flexibilidad y seguridad financiera en su vida. Si su índice de consumo personal es alto, necesita generar un alto nivel de ingresos para vivir de acuerdo o por encima de sus medios. Una alta tasa de consumo puede limitar su flexibilidad financiera. Si su tasa de consumo es baja, tendrá más flexibilidad para generar ingresos variables y vivir de acuerdo o por encima de sus medios. Usted es más flexible y seguro en términos financieros.

Aumente la flexibilidad financiera creando un plan financiero

En el entorno incierto de la economía gig, un plan financiero resulta esencial. Las investigaciones muestran que, a través de los niveles de ingresos, los hogares que participan en la planeación financiera tienen más probabilidades de ahorrar para emergencias, la jubilación, tener un seguro adecuado y manejar las deudas.[3] Sin embargo, muy pocos estadounidenses tienen uno. Menos de la mitad de los hogares estadounidenses (38%) incluso logran una cantidad mínima de planeación a fin de lograr objetivos específicos como ahorrar para la jubilación o la universidad. Solo una pequeña minoría, el 19% de los hogares, tiene un plan financiero integral que incluye un presupuesto, impuestos, seguros y ahorros.[4] Resulta interesante que la mayoría de este grupo de planificadores integrales reporta un ingreso familiar anual por debajo de $100.000.

Los trabajadores independientes en la economía gig tienen más responsabilidades de gestión financiera que el hogar promedio. Necesitamos un plan para cubrir flujos de ingresos volátiles y períodos de desempleo. Si trabajamos como contratistas o consultores, seremos responsables de pagar nuestros impuestos, comprar un seguro de salud, enviar facturas, cobrar pagos y administrar, rastrear y deducir los gastos.

No es necesario dedicar mucho tiempo o dinero para crear e implementar un plan financiero, y tampoco tiene que hacerlo por su cuenta. Consultar a un equipo financiero personal puede ser una manera eficaz de crear, implementar y monitorear un plan. Su equipo financiero debe incluir los siguientes miembros.

Un planificador financiero solo por tarifa: Reunirse con un planificador financiero una sola vez al año puede ayudar a añadir estructura y responsabilidad a su plan financiero. Los planificadores solo por tarifa cobran únicamente por hora (generalmente entre $150 y $500) o una tarifa fija por plan. Si usted utiliza herramientas en línea para administrar sus finanzas, puede ayudar a reducir el costo de un planificador. El costo de un plan financiero integral a partir de cero varía dependiendo de la complejidad de su situación, pero en términos generales cae en el rango de $1.000 a $4.000. El plan inicial costará más debido al tiempo de preparación, pero las reuniones anuales posteriores deberían costar menos. Busque un planificador que se especialice en clientes autónomos o que haya trabajado con ellos, y entienda cómo crear un plan financiero en torno a los ingresos variables.

Un contador: Programe una primera reunión con un contador cuando comience o planee comenzar a trabajar de forma independiente. Un contador puede aconsejarle sobre la mejor manera de estructurarse. Muchos trabajadores independientes operan simplemente como propietarios únicos, algo que no requiere ninguna estructura jurídica en particular. Otros consideran que es beneficioso hacer negocios como una Corporación de Responsabilidad Limitada (LLC) o como una Corporación S. Decidir si quiere estructurarse como propietario único, LLC o Corporación S depende del tipo de trabajo que usted haga, en qué estado viva, y qué porcentaje de su remuneración sea suministrado por el trabajo que lleva a cabo en la economía gig. Un contador puede ayudarle a evaluar estas opciones y calcular el impacto fiscal de cada una basado en su situación.

Como trabajador independiente, usted es responsable de retener y presentar trimestralmente sus impuestos federales y estatales. Reunirse anualmente con un contador puede ayudarle a estimar la cantidad de impuestos que debe pagar y a establecer un calendario (¡y recordatorios!) para garantizar que presente y pague sus impuestos a tiempo. Los trabajadores independientes también pueden deducir una variedad de gastos de sus ingresos. Su contador puede ayudarle a entender qué gastos debe precisar y deducir por separado durante todo el año.

Un tenedor de libros: Muchos trabajadores independientes internalizan esta función mediante el uso de QuickBooks o de una herramienta similar para hacer un seguimiento de sus ingresos y gastos. Otros prefieren externalizarla empleando a un tenedor de libros. No importa qué enfoque elija, la idea es contar con un sistema para mantener sus registros financieros, el seguimiento de las deducciones y gastos, y la gestión de facturación y cobros. Dependiendo de la complejidad de su negocio, su nivel de organización y de cuánto puede automatizar, un tenedor de libros con experiencia puede cobrar de $30 a $150 por hora.

También hay opciones en línea para ayudar con la planeación financiera, los impuestos y los gastos. Herramientas como

Mint.com y LearnVest pueden ayudarlo a comenzar su proceso de planeación financiera, y aplicaciones como Expensify, Xero y Qapital pueden usarse para rastrear y gestionar gastos o aumentar los ahorros. Empresas como Intuit (creadores de TurboTax), AND CO y FreshBooks están desarrollando herramientas dirigidas a los trabajadores independientes para administrar los impuestos, los gastos, el presupuesto y la facturación. A medida que la economía gig crece, podemos esperar ver más aplicaciones y empresas emergentes creando herramientas para ayudar a manejar las necesidades de la parte administrativa y la planeación financiera de los trabajadores independientes.

LA FLEXIBILIDAD FINANCIERA REPRESENTA LA NUEVA VIDA DE UN SALARIO A OTRO

Tener éxito en la economía gig requiere que seamos financieramente flexibles e implementar un enfoque diferente y más deliberado para administrar el dinero. Sin un salario constante, tenemos que repensar y reestructurar nuestras vidas financieras a fin de alinear nuestros gastos con nuestras prioridades, vivir constantemente por debajo de nuestros medios, administrar rigurosamente nuestros mayores gastos y ahorrar a niveles sin precedentes.

Para aumentar su propia flexibilidad financiera, considere lo siguiente:

➤ ¿Cuáles son mis mayores decisiones y compromisos financieros?
➤ ¿Cuánta alineación hay entre mis gastos y mis prioridades?
➤ ¿Hay formas en que puedo ganar o ahorrar más dinero?
➤ ¿Cuáles son las mejores formas de mantener baja mi tasa de consumo personal?

• *Capítulo nueve* •

PIENSE EN EL ACCESO, NO EN LA PROPIEDAD

Lo normal es vestirse con ropa que usted compra para trabajar y conducir en medio del tráfico en un automóvil que aún está pagando, a fin de poder llegar al trabajo que necesita para pagar la ropa y el auto, y la casa que deja vacía todo el día para poder permitirse vivir en ella.

—ELLEN GOODMAN

Las nuevas posibilidades en la economía gig de acceder en lugar de poseer representan nada menos que una revolución financiera personal. Esto transforma la economía subyacente de nuestras vidas. La opción de alquilar, no de comprar, de acceder, no de poseer, aumenta nuestro control sobre cómo consumimos y qué, resulta más flexible, y nos puede ahorrar dinero. También es más conveniente y nos ofrece una mayor variedad. Ya no es necesario gastar grandes cantidades de dinero o asumir una deuda significativa para comprar y tener. Podemos pagar menos por el acceso a la demanda y utilizar la diferencia para ahorrar, invertir o comprar tiempo. Mi antiguo estudiante Ben lo resumió mejor:

Muchas de las cosas en mi vida que antes habría comprado, actualmente las he tomado en préstamo por el corto período de tiempo en que tengo un uso para ellas. Oigo música y veo películas en directo vía Internet, y alquilo copias electrónicas de libros. Uso Hubway para viajar al trabajo y alquilo el apartamento en el que vivo. Aunque pueda haber sido reticente a esta idea de propiedad limitada hace unos años, se ha convertido en una parte de mi vida cotidiana y ahora la acepto. Alquilar un artículo da mucha mayor flexibilidad y acceso, al mismo tiempo que proporciona una sensación de libertad del desastre y los dolores de cabeza de la propiedad.

La propiedad no está muerta y no es probable que muera por completo, pero puede aplazarse o ser discrecional de una manera que no tiene precedentes en términos históricos. La economía gig nos ofrece opciones para alquilar o acceder a autos (Zipcar, Uber), bicicletas (Hubway, Citi Bike), apartamentos y casas completamente amueblados (Airbnb, Onefinestay), ropa (Rent the Runway, Le Tote), joyas (Haute Vault) y casi cualquier otra cosa. Con la posibilidad de acceder a tantas cosas con tanta facilidad, necesitamos encontrar razones bastante convincentes para comprar.

Hay incluso un estilo de vida emergente construido sobre la base de la economía de acceso. Prerna Gupta, una empresaria en serie, escribió sobre su experiencia viviendo lo que llama «el estilo de vida de Airbnb».[1] Ella y su esposo vivieron en varios países a lo largo del año, permaneciendo en viviendas temporales de Airbnb en todos los lugares y llevando todas sus pertenencias en unas cuantas maletas. Su experiencia la hizo cuestionarse la necesidad de volver a una vida tradicional basada en el hogar y la condujo a un «cambio palpable» en su relación con sus posesiones. Ella cree que el estilo de vida de Airbnb será más común debido en parte a los cambios en la manera como trabajamos. «El trabajo se está volviendo mucho más fluido, y los trabajadores tienen un control creciente sobre cuándo y dónde trabajan. Esto hace que tengan menos ataduras». Después de todo, poseer reduce la flexibilidad.

La capacidad de acceder en lugar de poseer aún no está disponible de la misma forma en todas partes. Las áreas urbanas ofrecen la mayor oportunidad de reducir nuestros niveles de propiedad, sobre todo porque se puede acceder más fácilmente (alquilándolos) tanto al transporte como a la vivienda, que son los mayores gastos en la mayoría de los hogares. Podemos aumentar de manera significativa nuestra flexibilidad financiera convirtiendo estos dos grandes precios fijos en gastos variables iguales o menores.

Esta dispersión geográfica en la capacidad de acceder a bienes y servicios está invirtiendo el costo relativo de la vida en los suburbios frente a la ciudad. Los suburbios, con sus altos precios fijos, su estilo de vida dominado por la propiedad, y las limitadas ofertas de bienes y servicios según la demanda, parecen desproporcionadamente costosos. A medida que las ciudades se transforman en economías de acceso, donde los bienes y servicios son flexibles, convenientes y están disponibles según la demanda, se vuelven más atractivas para los trabajadores de la economía gig que tienen ingresos variables e inestables.

La propiedad y el ladrón de la deuda

Las perspectivas sobre la deuda han cambiado en la economía gig. Los expertos financieros solían hablar de las diferencias entre las «deudas buenas», como hipotecas y préstamos estudiantiles, y las «deudas malas», incluyendo préstamos para automóviles y saldos de tarjetas de crédito. Esta distinción ha llegado a ser menos relevante, porque en la economía gig se ha vuelto mucho más arriesgado tener cualquier tipo de deuda. Es difícil defender el hecho de comprometerse con altos pagos de deudas fijas en una economía de empleos inseguros e ingresos variables.

Ya sean buenas o malas, las deudas siempre aumentan su riesgo, le restan flexibilidad y se apropian de sus opciones. Pueden limitar su capacidad para cambiar de trabajo, mudarse, iniciar su propio negocio o tener tiempo libre. Ponen en entredicho su futuro financiero. En el peor de los casos, las deudas lo obligan a desarrollar un estilo de vida que respalde sus pagos y no sus prioridades y metas.

Estados Unidos es una nación muy endeudada. Regularmente asumimos «deudas malas» para comprar bienes que rápidamente se deprecian en valor. Pagamos altos cargos en tarjetas de crédito y préstamos para comprar autos, bienes de consumo, joyas y ropa —que necesitamos poco, pero deseamos mucho— todo lo cual empieza a perder valor tan pronto como salimos de la tienda. Sin embargo, nuestra mayor deuda no proviene de los sábados en el centro comercial o de la concesionaria de automóviles. Las mayores fuentes de deudas en Estados Unidos surgen de asumir «deudas buenas» de hipotecas y préstamos estudiantiles.[2] Veamos esto con mayor detalle.

La verdad sobre la propiedad de la vivienda

Los beneficios del acceso a la propiedad parecen claros para los bienes de consumo que no usamos todos los días. No obstante, ¿cómo funciona esto para la compra a gran escala y muy cara de una casa? ¿Entonces la propiedad tiene más sentido? ¿No son las hipotecas una «deuda buena»?

Para muchos estadounidenses, la decisión de comprar una casa no es primordialmente financiera. Más bien, se basa en factores emocionales y personales. Si el lugar y la manera en que vivimos están en lo alto de nuestra lista de prioridades personales, entonces podríamos estar dispuestos a incurrir en un bajo rendimiento financiero para alcanzar nuestra visión particular de la vida hogareña. Podemos querer comprar o tener, por razones sentimentales, la casa en la que ha vivido nuestra familia durante décadas, incluso si necesita reparaciones costosas. No todas las decisiones de compra de vivienda son puramente financieras, pero aun así, todavía tiene sentido entender con claridad las consecuencias financieras de esas elecciones.

Evaluada únicamente como una decisión financiera, tener una vivienda propia es una inversión arriesgada. Las viviendas están altamente apalancadas, son ilíquidas en su mayoría, y constituyen activos muy caros e inamovibles. Cualquier evaluación financiera objetiva concluiría que tiene sentido mantener un activo con esas características solo como un pequeño porcentaje de un portafolio mayor, principalmente líquido y de menor riesgo. Sin embargo, eso no es lo que ocurre en Estados Unidos.

La propiedad de la vivienda está matando a la clase media

Edward Wolff, economista de la Universidad de Nueva York, estudia la distribución de la riqueza y el impacto de la propiedad de la vivienda en el 1% más rico de los estadounidenses en comparación con el 19% siguiente, al cual le llama la *clase media alta*, y el 60% intermedio, que denomina la *clase media amplia*. Sus hallazgos son alarmantes:[3]

- Casi dos tercios de la riqueza de los estadounidenses de clase media está en sus hogares: un estado de asuntos financieros altamente concentrado y arriesgado. La clase media amplia tiene el 63% de su patrimonio neto (activos menos deudas) en su vivienda principal. En contraste, la clase media alta tiene un portafolio mucho más diverso, con poco menos de un tercio (28%) de su patrimonio neto en sus viviendas. El 1% superior tiene solo el 9% de su patrimonio neto en su vivienda principal.

- Según Wolff, tanto la brecha creciente en la desigualdad de la riqueza como el estado financieramente frágil de la clase media se debe a su inversión excesiva en sus viviendas. El exceso de concentración en la vivienda y los altos niveles de deuda de la clase media por sus viviendas la perjudicó gravemente durante la Gran Recesión y la crisis inmobiliaria de 2008. Wolff observó particularmente los años de 2007 a 2013 para evaluar el impacto de estos dos acontecimientos y encontró que «la fuerte caída del patrimonio neto medio y el aumento de la desigualdad general de la riqueza a lo largo de estos años se deben principalmente al alto apalancamiento de las familias de clase media y a la alta proporción de viviendas en su portafolio».

- Un informe reciente del Centro de Investigación Pew también concluyó que las diferencias en el porcentaje de vivienda que tienen las clases altas y medias en sus portafolios están aumentando la brecha en la riqueza. El informe concluyó que «las tendencias dispares en la riqueza de las familias de ingresos medios y altos se deben al hecho de que la vivienda asume un papel más importante en los portafolios de familias de ingresos medios».[4] También señala que las familias de altos ingresos tenían tres veces más riqueza que las familias de ingresos medios en 1983, pero terminaron en el año 2013 con una riqueza poco más de siete veces mayor.

Los estadounidenses de clase media han invertido excesivamente en la vivienda, y esa inversión no está dando frutos. La vivienda ha producido tasas de rentabilidad persistentemente bajas en relación con otras clases de activos como las acciones y los fondos mutuos.[5] La clase media ha invertido grandemente en un activo que tiene un rendimiento inferior. La tasa de rendimiento a largo plazo (de 1983 a 2013) para los activos financieros como las acciones ha sido de alrededor del 9%, en comparación con el 3,5% en el rendimiento de los bienes raíces residenciales durante ese mismo período. Durante la Gran Recesión y la crisis de la vivienda (de 2007 a 2010), la rentabilidad de los bienes raíces residenciales decayó en un 7%, dos veces más que la de los activos financieros, que disminuyeron solo un 3,7%. Y los bienes raíces han tardado en recuperarse. Después de la recesión, desde 2010 hasta 2013, los bienes raíces residenciales tuvieron una rentabilidad de casi 5%, pero los activos financieros han entregado más del doble de la rentabilidad: más de 12%.

En cada escenario económico —a largo plazo, en las crisis y en las recuperaciones— ha sido mejor mantener activos financieros que bienes raíces residenciales. Sin embargo, la amplia clase media tiene solo el 3% de sus activos en acciones y fondos mutuos, en comparación con más del 60% de su patrimonio neto en vivienda. Los datos sobre la rentabilidad aquí son claros: si usted está buscando rentabilidad, compre activos financieros, no bienes raíces residenciales.[6]

Es importante señalar que estos datos sobre rendimientos son promedios nacionales, pero los bienes raíces son locales y personales. A pesar de que la vivienda como una clase de activo ha tenido un pobre desempeño, hay casos de un rendimiento superior. Los propietarios de viviendas en sectores de Brooklyn, Boston y San Francisco, por ejemplo, han visto que sus propiedades se han valorizado en gran medida. El hecho de que esos aumentos tengan un mejor rendimiento o no que el mercado de valores depende de la propiedad particular y muchos otros factores. Poseer una vivienda puede ser una buena inversión, y algunos bienes raíces residenciales generan rendimientos atractivos, pero a lo largo y ancho de Estados Unidos esos resultados son la excepción, no la norma.

Los tres mitos de tener vivienda

Si la rentabilidad de los bienes raíces residenciales es baja y tener demasiadas viviendas en su portafolio resulta arriesgado, ¿por qué todavía hay una demanda tan generalizada en lo que respecta a comprar una casa? La respuesta se debe en parte a la historia persistente sobre los beneficios financieros de la propiedad de la vivienda. Muchos estadounidenses aceptan la premisa de la propiedad de vivienda como la base del sueño americano, y se inclinan por esa opción sin considerar cuidadosamente los riesgos financieros o evaluar otras opciones.

El gobierno de Estados Unidos se ha esforzado mucho para fomentar la propiedad de la vivienda a través de la deducción de intereses hipotecarios, las deducciones de intereses en las líneas de crédito hipotecario y el tratamiento fiscal favorable en la venta de una residencia principal. La historia del sueño americano y estas políticas gubernamentales se basa en la aceptación incondicional de los tres mitos comunes sobre la propiedad de la vivienda.

MITO # 1: Mi casa se valorizará.

Verdad: Tal vez sí, tal vez no, dependiendo de las condiciones económicas generales, su mercado inmobiliario específico, el tipo de casa que compre, la condición en la que esta se encuentre, la forma en que la mantenga, y dónde en el ciclo del mercado de bienes raíces usted compre y venda.

MITO # 2: La propiedad «construye capital».

Verdad: Depende del Mito # 1. La propiedad solo construye capital si usted compra una casa que mantenga o aumente su valor. Puede hacer pagos de hipoteca durante una década, pero una fuerte caída en el mercado de bienes raíces podría colocarlo en una posición de capital negativo, donde la casa valga menos que la cantidad restante que debe sobre ella.

Usted también construye capital solo si lleva muchos años como propietario de una casa. Los primeros años de las hipotecas están dominados por los pagos de intereses, no por los pagos principales, por lo que construye capital muy lentamente durante más de una década. Si compra una casa a través de un préstamo con intereses obligatorios, no construirá ningún capital en absoluto pagando su hipoteca.

MITO # 3: Puedo deducir los pagos de los intereses hipotecarios de mis impuestos.

Verdad: La mayoría de los estadounidenses no logran deducir los intereses hipotecarios de sus impuestos. La razón es que la deducción del interés de la hipoteca se aplica solamente si usted detalla las deducciones en su declaración de impuestos, lo que, de acuerdo con las cifras del Centro de Política Tributaria, es algo que hace únicamente el 30% de los estadounidenses.[7] Esto solo tiene sentido si sus deducciones detalladas exceden la deducción estándar (que en 2015 era de $12.600 para una pareja casada que presentaba su declaración de impuestos de manera conjunta y de $6.300 para una sola persona). En el caso de la mayoría de los estadounidenses, la deducción estándar será mayor que sus deducciones detalladas, por lo que no se detallará. El Centro de Política Tributaria informa que «la deducción de intereses hipotecarios (MID) ofrece los mayores beneficios en total y como parte de los ingresos a los contribuyentes de ingresos medios altos».[8]

Los costos reales de tener una casa

Los datos sobre la rentabilidad mediocre de los bienes raíces residenciales pueden parecer contradictorios, porque tal vez usted haya oído hablar a las personas (sobre todo a las generaciones mayores) acerca de los bajos precios que pagaron por sus casas en comparación con los altos precios por los que las podrían vender hoy. Estos tipos de comparaciones son inadecuados, porque no toman en cuenta la inflación ni incorporan el nivel de riesgo que asumió el comprador, ni tampoco incluyen los costos totales de la casa.

Existe una serie de calculadores de hipotecas en línea para ayudarlo a evaluar el costo total de una vivienda. Según la Reserva Federal, el precio de venta promedio de las casas más vendidas en Estados Unidos a finales de 2015 era de $297.000.[9] Para facilitar las cuentas, veamos un ejemplo para una casa de $300.000, así como también para otra de $500.000 a modo de comparación. En nuestro ejemplo, ambas tienen una hipoteca fija de treinta años a una tasa de interés del 4%, con un 10% de pago inicial. Al final de los treinta años, suponiendo que no refinancie o pague por adelantado, el total de los costos directos y en efectivo de su casa de $300.000 será de $622.121, y el costo total de su casa de $500.000 será de más de un millón, o de $1.031.867 para ser exactos.

¿Qué? ¿Cómo puede una casa de $500.000 terminar costando más de un millón? Aquí le muestro las matemáticas a lo largo de treinta años (utilicé el calculador de hipotecas de mlcalc.com para hacer este cálculo. En la siguiente tabla, las suposiciones que he utilizado están entre paréntesis, por lo que usted puede volver a hacer el cálculo con números diferentes).

PRECIO INMOBILIARIO TOTAL VS. COSTO INMOBILIARIO TOTAL *10% de pago inicial, 4% de tasa de interés, hipoteca fija a 30 años*			
Casa de $300.000		**Casa de $ 500.000**	
Pago inicial (10%)	$ 30.000	Pago inicial (10%)	$50.000
Principal	$270.000	Principal	$ 450.000
COSTO TOTAL DE LA CASA	**$300.000**	**COSTO TOTAL DE LA CASA**	**$500.000**
Intereses (4%)	$194.048	Intereses (4%)	$323.413
Impuesto a la propiedad ($3.000 por año)*	$90.000	Impuesto a la propiedad ($5.000 por año)*	$150.000
Seguro de la casa ($1.000 por año)*	$30.000	Seguro de la casa ($1.500 por año)*	$45.000
Seguro hipotecario (hasta 2021)	$8.073	Seguro hipotecario (hasta 2021)	$13.455
COSTO TOTAL DE LA CASA	**$622.121**	**Casa de $300.000**	**$1.031.868**

En este modelo, el impuesto sobre la propiedad y el seguro se mantuvo constante durante la vida de la hipoteca. Por lo tanto, los costos totales de vivienda que se muestran aquí están subestimados. Si modelamos aumentos anuales realistas en impuestos y seguros, el costo total sería mayor. Estas cifras tampoco incluyen gastos anuales de mantenimiento ni ningún gasto por concepto de renovaciones, mejoras o actualizaciones durante los treinta años. Si agregamos estos gastos, el costo total sería mayor. Finalmente, estos ejemplos no incluyen la deducción del interés hipotecario.

Estos ejemplos simplificados ilustran que el costo total de una casa —incluso sin aumentos de impuestos, mantenimiento o mejoras continuas— es más del doble del precio pagado por el propietario. Y esto en un entorno de bajo interés. Tan solo a mediados de los años 2000, las tasas hipotecarias variaron del 5% al 7%, en comparación con el entorno reciente del 3% al 4%.

No obstante, ¿y si realmente quiero tener una casa?

Tener una casa no siempre es una mala idea financiera, pero lo es para la mayoría de los estadounidenses de clase media. La forma en que los estadounidenses de clase media compran casas (con demasiada deuda) y las poseen (como una parte demasiado grande de su portafolio), dificulta justificar de manera convincente el hecho de tener una vivienda. Muchos estadounidenses también viven en mercados inmobiliarios con una demanda persistentemente baja, estancamiento o disminución de precios, y una actividad limitada. ¿Cuándo es la propiedad de la vivienda una mejor idea financiera? Puede tener sentido si usted compra una casa:

➤ Con capital significativo (un pago inicial grande).

➤ Con una hipoteca pequeña (lo que significa comprar algo más pequeño o más tarde en la vida, cuando usted tenga más dinero).

➤ Como un pequeño porcentaje de sus activos totales y su portafolio de inversiones (lo que significa que usted compra algo más pequeño, más tarde en la vida o cuando tenga más dinero).

➤ Ubicada en una zona con una demanda significativa, como zonas densas, urbanas o cercanas a las ciudades, vecindarios en proceso de aburguesamiento o ubicaciones de destino (no en medio de algún suburbio desconocido y lejano).

Si compra bajo estas condiciones, incluso si los precios disminuyen, usted estará mejor posicionado para enfrentar la tormenta. Las lecciones del año 2008 fueron claras: demasiados estadounidenses poseían demasiadas casas financiadas por deudas excesivas en mercados inmobiliarios poco atractivos. Si va a comprar una casa, evite esos errores.

Acceder a una vivienda

Existe alguna evidencia de que la economía de acceso está creciendo para la vivienda residencial. La investigación más reciente del Centro Conjunto sobre Estudios de la Vivienda de Harvard muestra que el 37% de las viviendas estadounidenses son alquiladas en la actualidad, el nivel más alto desde la década de 1960.[10] El número de casas que se alquilan ha crecido más rápidamente durante la última década (2005-2015) que en los últimos cincuenta años. El alquiler se ha vuelto más frecuente en todos los grupos de edad, todos los niveles de ingresos y todos los tipos de hogares. Para evaluar la posibilidad (y el impacto financiero) del alquiler, comience con los calculadores en línea, que pueden darle una idea preliminar de las diferencias financieras entre alquilar y comprar tanto una vivienda como un automóvil.[11] Acceder a una vivienda en lugar de ser propietario de esta podría tener más sentido en diferentes etapas de su vida.

Si alquilar no suena atractivo, hay un nuevo «estilo de vida Airbnb» de acceso a la vivienda que podría ser más interesante. Elaine Kuok y David Roberts, expatriados que ya regresaron al país, escribieron sobre el año en que vivieron «sin hogar» en los apartamentos Airbnb de Nueva York para explorar una variedad de barrios.[12] Su estilo de vida les ofrece una flexibilidad que no podrían tener si estuvieran comprometidos con un arrendamiento de un año o una hipoteca de varias décadas. Me puse en contacto con David en Twitter para una actualización y, mientras escribo esto, él y Elaine están disfrutando de su segundo año de su estilo de vida sin casa propia.

El mercado de acceso a la vivienda es joven, pero sigue creciendo. WeWork, la empresa que ofrece espacio de trabajo conjunto para alquilar en las principales ciudades del país y el extranjero, acaba de lanzar su primera propiedad, WeLive, en la ciudad de Nueva York, alquilando apartamentos totalmente amueblados y decorados por mes. A medida que aumenta la demanda del acceso a las viviendas, podemos esperar que surjan aún más opciones.

La deuda del diploma

El segundo mayor gasto que enfrentan los estadounidenses son los préstamos estudiantiles. Adquirir una educación y «ser dueño» de un diploma es costoso. Los préstamos estudiantiles han sido considerados como una deuda buena, porque invertir en educación universitaria es algo que vale la pena. Estudios y estadísticas muestran de manera constante que los graduados universitarios ganan más que aquellos que no obtienen un grado universitario durante sus vidas, lo que ofrece el respaldo más convincente para el argumento de que la universidad es una inversión para la cual vale la pena pedir un préstamo.[13]

Lo que no figura en los estudios es la lista de suposiciones implícitas que debe incluir un fuerte caso de endeudamiento: si usted va a asistir a una escuela de calidad, si va a conseguir un empleo al salir de la universidad (las tasas de desempleo y subempleo entre los graduados universitarios son históricamente altas[14]) y si va a recibir un ingreso razonable en relación con sus niveles de deuda (muchos graduados no lo hacen y citan los pagos de préstamos estudiantiles como su mayor gasto, incluso por encima del alquiler). Solo cuando se cumplen esas condiciones existe un argumento sólido para sugerir que tomar préstamos estudiantiles es una decisión financiera sensata.

El riesgo de la deuda del diploma

Los préstamos estudiantiles pueden ser «deudas buenas», pero también son deudas arriesgadas. Los prestamistas estudiantiles, como Sallie Mae, solían asumir un riesgo significativo de reembolso, como deberían hacerlo y lo hacen normalmente los prestamistas, pero ese riesgo ha sido atenuado por las regulaciones que limitan su exposición a los incumplimientos de pagos. Por ejemplo, si el prestatario se atrasa en los pagos, los prestamistas estudiantiles respaldados por el gobierno tienen el derecho de embargar los salarios con solo treinta días de aviso y sin una orden judicial.[15] Contrariamente a la opinión popular, los préstamos estudiantiles pueden ser desestimados mediante procedimientos de quiebra, pero solo a través de un procedimiento contencioso separado. Únicamente el 0,1% de las personas con deuda estudiantil solicitan el procedimiento cuando se declaran en bancarrota.[16] Las universidades no asumen ningún riesgo, porque la matrícula se paga por adelantado cada semestre. Eso deja al prestatario como el único que asume los riesgos en la transacción de préstamos estudiantiles.

Cómo ocuparse de la deuda del diploma

Si ya ha contraído la deuda de préstamos estudiantiles, entonces sus opciones para ocuparse de ella son limitadas. Puede refinanciarla a una tasa de interés más baja, aplazarla, abstenerse de pagarla, solicitar pagos reducidos, consolidarla o dedicar tiempo y energía para pagarla lo más rápido posible y seguir adelante con su vida. Qué tan lejos esté dispuesto a recorrer el camino de la parsimonia fiscal para librarse de la deuda de los préstamos estudiantiles depende de sus objetivos y prioridades, y de su tolerancia a los sacrificios financieros. Actualmente, hay numerosos sitios web y blogs de graduados que comparten sus experiencias y técnicas para pagar rápidamente (por lo general en menos de un año) su deuda de préstamos estudiantiles. *No More Harvard Debt* [No más deudas con Harvard], la página web de Joe Mihalic, es quizás uno de los ejemplos más conocidos.[17]

En su página web, Joe hizo una crónica de su búsqueda para pagar $90.000 de su deuda con la escuela de negocios en diez meses. No solo logró este objetivo, sino que lo superó. Joe logró pagar su deuda antes de lo previsto, en solo siete meses, mediante la reducción de gastos, realizando actividades adicionales, y vendiendo y alquilando sus cosas. Muchos de ustedes considerarán que el enfoque de Joe es extremo, y lo es, pero también fue una estrategia eficaz y a corto plazo. Si tiene el mismo entusiasmo con respecto a sus metas grandes y audaces, ya sea que se trate del repago de una deuda o de cualquier otra ambición, usted podría identificarse con el hecho de comprometerse de lleno a lograrlas y mostrar la disposición de hacer lo que sea necesario.

En un giro inesperado de los acontecimientos, hay señales tempranas de que los empleadores están interviniendo para aliviar una parte de la carga financiera de la deuda por concepto de préstamos estudiantiles. En 2016, compañías como Fidelity, Pricewaterhouse-Coopers y Natixis han puesto a prueba o introducido beneficios de reembolso de préstamos estudiantiles en los cuales pagan una cantidad fija por año (en Fidelity es de $2.000) para amortiguar el saldo de los préstamos estudiantiles de un empleado.[18] Hasta que sea mucho más fácil y común acceder a credenciales sin poseer un título, este es un paso positivo para reducir la carga financiera de la deuda por préstamos estudiantiles sobre los prestatarios.

El título universitario que solía conducirnos a un trabajo corporativo bien pagado y a tiempo completo también puede terminar en una vida de deudas, viviendo en nuestras viejas habitaciones en la casa de nuestros padres luego de obtener un diploma. Asumimos un riesgo cuando contraemos la deuda del préstamo estudiantil, e independientemente del resultado, aún tenemos que pagar. Sin embargo, los datos son claros en cuanto a que un título universitario es el requisito mínimo para muchos empleos profesionales. Un título universitario no le garantiza un mejor empleo y mayores ganancias, pero es factible que mejore sus probabilidades.

Acceder a la educación

La economía gig todavía está en las primeras etapas de la transición de una economía basada en credenciales como diplomas, títulos y nombres de marca a una economía basada en las habilidades que valora conocimientos y experiencias específicas. Los graduados de las universidades de Ivy League y los directores ejecutivos de las firmas de Wall Street siguen beneficiándose del efecto de señalización del mercado de sus grados y títulos, pero el poder de esas credenciales está disminuyendo a favor de los trabajadores con experiencia y pericia demostrables.

Estamos viendo surgir nuevas formas de trabajo en las que las habilidades, los conocimientos y las calificaciones demostradas a partir de las experiencias laborales anteriores son lo que importa, y no dónde estudiamos o qué títulos tenemos. Topcoder, Upwork, Freelancer y 99designs son lugares para encontrar trabajo y forjarse una reputación independientemente de su carrera y las credenciales basadas en un título.

La premisa detrás de estos sitios y de otros es que el trabajo que hacemos, el contenido que creamos y los resultados de las pruebas de habilidades y conocimientos proporcionan una evaluación más precisa de las habilidades y conocimientos que un diploma o título. Ernst & Young realizó un estudio interno de 400 graduados en el Reino Unido y no encontró evidencia que correlacionara el éxito profesional con la educación previa, pero sí que las evaluaciones numéricas y basadas en fortalezas eran buenos indicadores de si un candidato tendría éxito en la empresa. Basándose en los resultados, E&Y ha eliminado los criterios académicos como un requisito para sus puestos de trabajo de nivel básico.[19] Este es un paso temprano y audaz que está lejos del efecto de señalización de las notas y títulos universitarios. En la mayoría de las empresas, las evaluaciones y las pruebas son herramientas de reclutamiento que complementan los grados académicos y los títulos corporativos, pero podemos imaginar un día en que comiencen a suplantarlos.

EL ACCESO REPRESENTA LA NUEVA PROPIEDAD

La economía estadounidense depende en gran medida del gasto y la demanda de los consumidores. Si la economía de acceso sigue creciendo y reemplaza cada vez más la propiedad, perturbará la economía nacional. Si los individuos acceden cada vez más a casas y automóviles en lugar de ser sus propietarios y aceleran el alquiler de los bienes de consumo que solían comprar, el impacto económico será significativo y generalizado.

Para los individuos, la economía de acceso es nada menos que una revolución financiera personal. Imagine y evalúe la flexibilidad, la variedad y el ahorro de costos que usted podría lograr potencialmente al acceder a bienes de consumo, automóviles y vivienda. ¿Cuál sería el impacto en su balance personal? La propiedad seguirá teniendo sentido en algunos casos y durante algunas etapas de la vida, pero ya no tendrá que ser la elección por defecto. En una economía gig de empleos inseguros e ingresos variables, acceder a los bienes que queremos y necesitamos, sin la deuda, los costos fijos y la propiedad física de tantas cosas, puede ser una alternativa atractiva.

Para comenzar a pensar en el acceso, y no en la propiedad, considere:

➤ ¿Cuáles serían las implicaciones financieras de acceder a los mayores activos que poseo?

➤ ¿Resulta adecuado para mí tener una vivienda, y cuáles son las implicaciones financieras y los costos de tener una?

➤ ¿Hay formas de reducir mi deuda educativa?

➤ ¿Qué oportunidades existen para tener acceso a la educación en el futuro?

Capítulo diez

AHORRE PARA UNA JUBILACIÓN TRADICIONAL... PERO NO PLANEE TENER UNA

Sin embargo, creo que no hay país ni pueblo que pueda mirar la era del ocio y la abundancia sin temor.

—JOHN MAYNARD KEYNES

El elefante en el cuarto de la economía gig es la cuestión de cuándo dejar de trabajar, y si podremos hacerlo. Si nuestra vida laboral consiste en empleos múltiples e ingresos variables, ¿podemos jubilarnos? La buena noticia es que sí, aún podemos jubilarnos. Es probable que la jubilación en la economía gig nunca sea las décadas sin trabajo financiadas por las corporaciones que una vez fue, pero se puede afirmar que con una planeación y un compromiso razonados, la jubilación todavía puede existir.

La noticia menos agradable es que tenemos que ahorrar y financiar la jubilación por nuestra propia cuenta. Las pensiones corporativas ya no están disponibles para pagar las cuentas. En cambio, los empleadores han migrado masivamente a ofrecer planes de jubilación de contribución definida, como los 401(k), en los cuales los empleados deciden por sí mismos si participan en el plan, cuánto aportan y dónde invierten sus contribuciones. Las pensiones aún existen en el sector público para los trabajadores del gobierno y los maestros, pero en general son subfinanciadas, y en algunos casos severamente.[1] Las fuentes gubernamentales de fondos de jubilación, como el Seguro Social, parecen poco confiables e insolventes en el peor de los casos, dependiendo de su generación.

Existen tres posibilidades distintas para jubilarse en la economía gig:

➤ Ahorrar para financiar una jubilación tradicional.
➤ Planear trabajar más tiempo y jubilarse más tarde.
➤ Crear una nueva visión de la jubilación.

Veamos cada una por separado.

Ahorrar para financiar una jubilación tradicional

Ahorrar para la jubilación es una tarea desalentadora, pero en la economía gig, los trabajadores independientes tienen la oportunidad de ahorrar más para la jubilación que un empleado típico. Los contratistas y otros trabajadores independientes que no tienen acceso a un plan de jubilación patrocinado por la empresa todavía pueden ahorrar por sí mismos a través de un 401(k) Individual o un SEP IRA.[2] Ambas opciones ofrecen límites de contribución significativamente más altos para los trabajadores independientes —hasta $53.000 por año— que los 401(k) patrocinados por el empleador. La contribución máxima del empleado al 401(k) de un empleador es de $18.000 por año.

A fin de ilustrar con un ejemplo simplificado, utilicé el calculador en línea (simplificado) de Vanguard para determinar las contribuciones elegibles de un contratista (propietario individual) con $100.000 en ganancias netas.[3] Ese trabajador es elegible para contribuir con más de $36.000 a su 401(k) individual, comparado con $18.000 para un empleado similarmente compensado que participa en el 401(k) de una empresa. Aunque los empleados están limitados a contribuir con $18.000 a sus 401(k), muchos empleadores ofrecen un aporte de contrapartida empresarial para complementar las contribuciones de los empleados. En el año 2015, se les permitió a los empleadores contribuir hasta con $35.000 al 401(k) de un empleado, pero muy pocas compañías contribuyen cerca de esa cantidad. El aporte de contrapartida promedio del empleador equivale solo al 4,7% del salario del empleado.[4]

La oportunidad de ahorrar más es aún mayor para consultores y contratistas que tienen remuneraciones más altas. Utilizando nuestro calculador simplificado, un contratista con ganancias netas de $185.000 es elegible para contribuir con el máximo de $53.000 anualmente a ahorros de jubilación. Los límites de cotización más altos facilitan a los trabajadores independientes «ponerse al día» y ahorrar mucho más para la jubilación en sus años de ingresos más altos y reducir en épocas austeras. Esta flexibilidad se adapta mejor a los ingresos variables que caracterizan a la economía gig.

La siguiente tabla resume cuánto más son elegibles los trabajadores por cuenta propia y los contratistas para contribuir a las cuentas de jubilación en comparación con los empleados.

Los trabajadores independientes son elegibles a fin de ahorrar más anualmente para su jubilación que los

Plan	Participantes elegibles	Máxima contribución en 2015*
401(k) Individual, también llamada Solo 401(k)	Trabajador por cuenta propia /sociedad/ contratista / independiente	Hasta $18.000 como empleado (más otros $6.000 si tiene 50 años o más de edad) *además de* hasta un 25% de los ingresos netos como empleador, o $53.000, lo que sea menor.
SEP IRA	Trabajador por cuenta propia/ sociedad/ contratista/ independiente	25% de la compensación o $53.000, lo que sea menor.
401(k) / 403 (b) / 527, etc.	Empleador/ empleador	*Empleado:* $18.000 (más otros $6.000 si tiene 50 años o más); *empleador:* $35.000 o 100% del sueldo del empleado, lo que sea menor.*
IRA Tradicional o Roth	Empleado y/o trabajador por cuenta propia/ contratista/ independiente	$5.500 (más otros $1.000 si tiene más de 50 años).*

*Para definiciones y cálculos específicos, visite la página www.irs.gov/pub/irs-pdf/p560.pdf y www.irs.gov/Retirement-Plans/One-Participant-401(k)-Plans.

empleados

Todos los trabajadores, tanto empleados como contratistas, *también* pueden contribuir a un IRA, hasta un límite de $5.500 para menores de 50 años, y de $6.500 para mayores de 50 años.[5] En teoría, un contratista bien pagado podría contribuir $58.500 anualmente a las cuentas de jubilación, un máximo de $53.000 a una 401(k) Individual y otro $5.500 a un IRA tradicional o Roth. Esto se compara con $23.000 que un empleado de la compañía podría contribuir a un 401(k) ($18.000) y un IRA ($5.500).

Por supuesto, hay una gran diferencia entre tener la oportunidad de ahorrar y hacerlo realmente. Aquí está el quid del problema tanto para los trabajadores de la economía gig como para los empleados tradicionales, quienes tienen una tendencia persistente a no ahorrar independientemente de la oportunidad de hacerlo.

En promedio, los estadounidenses no son buenos ahorradores.[6] Tenemos una tasa de ahorro muy baja como nación, y su tendencia es aún más baja cuando se trata de ahorrar para la jubilación. Esta tendencia es comprensible para los trabajadores de bajos ingresos cuya capacidad de ahorro es limitada, pero en realidad nuestra mala conducta en términos de ahorros es persistente en varios rangos de ingresos. La economista Allison Schrager ha escrito sobre lo que ella llama «gente pobre de altos ingresos».[7] Allison analizó los datos de la Reserva Federal y encontró que los trabajadores de clase media alta de 40 a 55 años con ingresos anuales de $75.000 a $100.000 tienen, en promedio, menos de un año de salario ahorrado para la jubilación. Ellos reportaron un promedio de solo $70.000 en ahorros para la jubilación. En ese mismo rango de ingresos, una cuarta parte de las personas había ahorrado menos de $17.500.

La mayoría de los estadounidenses (54%) tienen menos de $25.000 en ahorros e inversiones para la jubilación.[8] Algunos estudios sobre los estadounidenses de clase media colocan ese número aún más bajo, en una media de $20.000.[9]

Esas cantidades están muy lejos de cubrir cualquier tipo de jubilación. Las estimaciones de cuánto necesitan los jubilados solo para cubrir los costos de atención médica son múltiplos de lo que han ahorrado la mayoría de los estadounidenses. Una pareja con «ingresos promedio» debe esperar que los costos de atención médica en la jubilación sean de casi $266.000.[10] Si a esto se le añaden los costos dentales, de visión y escucha, el total será de $395.000, y esto aún no incluye la atención médica a largo plazo ni las cantidades necesarias para cubrir los gastos generales de subsistencia.

Esta falta de ahorros para la jubilación no es solo un problema de la economía gig. Las empresas han transferido a los empleados el riesgo y la carga de ahorrar para la jubilación, pero los empleados simplemente no están ahorrando lo suficiente. Casi la mitad de los trabajadores del sector privado en empleos tradicionales a tiempo completo tienen acceso a un 401(k) u otro plan de jubilación en el trabajo. En promedio, más del 60% de los empleados (este porcentaje varía según la edad, los ingresos y el tamaño de la empresa) eligen participar en ellos, pero no ahorran lo suficiente para reemplazar un solo año de sus ingresos actuales durante la jubilación.[11] Cuando tienen acceso a un plan de jubilación de la empresa que les ofrece ahorros automáticos a través de deducciones de nómina y las contribuciones correspondientes del empleador, los trabajadores no contribuyen mucho a ellos. Los empleados eligen invertir, en promedio, solo entre 5% y 7% de su salario, y muchos empleados no contribuyen lo suficiente como para aprovechar al máximo la correspondencia del empleador.[12] Las encuestas de Vanguard y Wells Fargo han encontrado que los balances promedio de los 401(k) son de alrededor de $30.000.[13]

El punto de partida de todos estos datos es que quienes planeamos jubilarnos, debemos planear para financiarlo por nuestra propia cuenta, y la mejor manera de hacerlo es ahorrando por lo menos a través de dos medios: un IRA, y un 401(k) o un SEP IRA. También tenemos que hacer un mejor trabajo a fin de ahorrar realmente. Los dos capítulos anteriores ofrecen sugerencias para aumentar nuestra flexibilidad financiera, así como para reducir la cantidad de dinero que dedicamos a adquirir propiedades y al servicio de la deuda contraída para poseer grandes activos. A continuación, se presentan tres sugerencias más sobre cómo aumentar los ahorros para la jubilación.

Aumente los ahorros ahorrando automáticamente: Si quiere ser un mejor ahorrador, deje de procrastinar y establezca un plan de ahorro automático (como el depósito directo) para no tener que pensar en ello. Investigadores de Stanford y la Universidad de Minnesota han encontrado que la dilación (a la que se refieren como «preferencias con sesgos actuales») provoca que los individuos hagan planes en el presente, pero retrasen las acciones hasta el futuro.[14] Los formuladores de políticas han sugerido la inscripción automática en planes de ahorro para la jubilación como una forma de superar este problema, y en realidad las tasas de participación en los planes de inscripción automáticos son aproximadamente un 10% más altas que los planes opcionales de inscripción (77% vs. 68% de los elegibles).[15]

Aumente los ahorros seleccionando el horizonte de tiempo adecuado: Mire hacia adelante y piense a largo plazo a fin de motivar el hecho de ahorrar para la jubilación. En el capítulo 1 vimos que seleccionar el horizonte de tiempo adecuado puede ayudarnos a alcanzar nuestros objetivos. Las investigaciones de la Administración del Seguro Social muestran que los trabajadores que tienen un horizonte corto de tiempo (por ejemplo, los próximos meses, el próximo año) tienen menos probabilidades de ahorrar para la jubilación que los que planean con horizontes de tiempo más largos en mente (por ejemplo, los próximos cinco a diez años).

Aumente los ahorros mediante el desarrollo de un plan financiero: En el capítulo 8 discutimos cómo el hecho de tener un plan financiero crea un marco para ayudarnos a alcanzar nuestras metas financieras. También puede ayudarnos a ahorrar. Las investigaciones realizadas por la Junta de Planificadores Financieros Certificados (CFP) y la Federación de Consumidores de Estados Unidos encontraron que los hogares que tenían incluso una planeación financiera básica tuvieron un aumento significativo en la planeación de la jubilación y el ahorro.[16]

La necesidad de ahorrar para la jubilación es un fenómeno reciente. Los estadounidenses de sesenta y cinco años o más, conocidos como la Gran Generación, han acumulado una riqueza significativa y han sido los «mayores triunfadores económicos de este siglo», según un informe reciente de Pew.[17] Son la última generación que gozará de la garantía trifecta de pensiones corporativas, un Seguro Social totalmente financiado y el Medicare para financiar una jubilación cómoda y segura. Esta generación también se benefició de un aumento persistente de los precios inmobiliarios que crearon riqueza e introdujeron la flexibilidad financiera en sus vidas. Los beneficiarios de esta generosidad económica deberían ser la generación actual de trabajadores mayores, los *baby boomers*, que ahora se están retirando. Un informe reciente de Accenture encontró que una Gran Transferencia de más de doce billones de dólares está pasando actualmente de la Gran Generación a los *baby boomers* y complementará su jubilación.[18]

Sin embargo, hay una Transferencia Mayor de treinta billones de dólares que los *baby boomers* entregarán a la Generación X a partir de 2031. La Generación X es la primera que dependerá principalmente de sus propios ahorros para financiar la jubilación. No les tocó la época de las pensiones corporativas financiadas y son la primera generación que tiene que esperar hasta los sesenta y siete años para recibir beneficios completos del Seguro Social. Esta transferencia máxima podría ofrecerle una protección financiera oportuna a esta generación con recursos insuficientes. Desdichadamente, las estimaciones sugieren que será solo una pequeña protección, y no una solución infalible que asegure la jubilación de la Generación X. Actualmente, las personas de la tercera edad viven más tiempo —las personas de 85 años y más constituyen una de las franjas de edad de más rápido crecimiento en Estados Unidos— lo que significa que gastan más de sus activos durante su vida e incurren en importantes gastos de salud, limitando el capital que tienen a su disposición para entregarles a las generaciones futuras.[19] En lo que respecta a la Generación X y las posteriores, ahorrar es la forma mejor y más segura de planear la jubilación.

Planee trabajar más tiempo y jubilarse más tarde

Muchos trabajadores creen que, si no tienen suficientes ahorros para la jubilación, pueden simplemente trabajar más tiempo, ganar más dinero y jubilarse más tarde. Más de un tercio (37%) de los trabajadores esperan jubilarse después de los sesenta y cinco años, en comparación con el 11% en 1991.[20] Más de la mitad de los trabajadores mayores de cuarenta años planean trabajar hasta los setenta años porque no tendrán suficientes ahorros para una jubilación que les permita vivir cómodamente.[21]

Afortunadamente, la economía gig les ofrece a los jubilados más oportunidades para trabajar. Es probable que la abuelita no pueda mantener un trabajo a tiempo completo en una empresa, pues tiene más de setenta años, pero actualmente tiene muchas otras opciones para trabajar a tiempo parcial en su casa y según su propio horario. Ella puede cuidar perros en Rover.com, organizar cenas para comensales a través de Feastly o EatWith, o alquilar una habitación de su casa en Airbnb. Puede trabajar remotamente en tareas administrativas u otras pequeñas labores en Upwork o a través de la web Mechanical Turk en Amazon. Puede conducir para Uber unas cuantas horas por semana o cuidar niños a través de Care.com. En la economía gig, los jubilados que buscan complementar el Seguro Social o un IRA sin fondos pueden encontrar trabajo flexible (e incluso en el hogar) más fácilmente que nunca para generar ingresos adicionales.

Incluso con más opciones para un trabajo flexible, planear trabajar más tiempo es un plan arriesgado, porque no controlamos por completo cuándo dejaremos de trabajar. La salud o la discapacidad imprevistas pueden y obligan a los trabajadores mayores a dejar de trabajar antes de lo planeado. Encuestas recientes revelaron que casi la mitad (46%) de los jubilados abandonan la fuerza laboral antes de lo planeado y que la mayoría de ellos (55%) lo hacen involuntariamente debido a problemas de salud o discapacidad.[22] El director de una de las encuestas señaló que:

> La mitad de los jubilados en este estudio se retiraron antes de lo esperado por razones que estaban más allá de su control. Las personas que piensan en trabajar más tiempo —tal vez hasta que sean septuagenarias o más— como un plan para la jubilación, deberían darse cuenta de que tal vez no puedan hacerlo. Con frecuencia surgen circunstancias imprevistas, y es realmente importante que las personas reconozcan esto.[23]

Retirarse antes de lo previsto debido a problemas de salud supone un problema doble, porque perdemos los ingresos laborales que habíamos proyectado mientras que los costos de atención médica aumentan. Las empresas solían soportar el riesgo de los costos de atención médica de los jubilados proporcionando seguros privados que complementaban el Medicare, pero ya no hacen esto. Hoy en día, menos de una cuarta parte (23%) de las empresas ofrecen beneficios de salud para los jubilados.[24] Los problemas de salud o discapacidad también pueden limitar nuestra capacidad de generar incluso ingresos incrementales por medio de un trabajo flexible o desde el hogar.

Trabajar más tiempo antes de jubilarnos es una posibilidad, pero no es algo que podamos planear de manera fiable. Nos da la opción de generar ingresos suplementarios durante el retiro, pero no de sobrevivir a este.

Cree una nueva visión de la jubilación

Muchas personas piensan todavía en la jubilación tradicional e imaginan un final feliz y lleno de sol para su vida laboral: días sin prisa de golf, natación, nietos y cócteles que comienzan por la tarde. Ese tipo de jubilación puede ser posible si es lo que queremos y estamos dispuestos a ahorrar para ello. Sin embargo, hay muchas otras versiones y visiones de la jubilación, y espero que los ejercicios de este libro que lo han ayudado a articular sus prioridades, entender sus gastos y planear a través de múltiples horizontes de tiempo lo ayuden también a diseñar y crear su jubilación ideal.

En la economía gig, la jubilación es menos el final de nuestra vida laboral y el comienzo del tiempo libre, que una continuación de la mezcla de trabajo y esparcimiento que hemos tenido todo el tiempo. Es una forma más fluida de vivir, y posiblemente más equilibrada. En la economía gig, nuestras vidas laborales se entremezclan con períodos de «mini retiro», y nuestro «retiro» se entremezcla con el tiempo empleado en el trabajo.[25] Podemos utilizar el tiempo entre actividades y entre trabajos para perseguir objetivos que las generaciones anteriores diferían hasta la jubilación. Podemos viajar, jugar golf, vivir en una playa, y pasar períodos de tiempo de calidad con nuestra familia durante los descansos en nuestras carreras, y no solo al final. También podemos crear actividades adicionales para desarrollar nuestros intereses y pasiones durante nuestros años de trabajo, actividades que luego podemos llevar a nuestros años de jubilación.

Es demasiado temprano en la economía gig para que haya muchos ejemplos de cómo los trabajadores han previsto y asumido la jubilación. Mientras tanto, los jubilados de hoy pueden ser una fuente de inspiración e ideas sobre cómo crear una jubilación interesante, divertida, activa y significativa. Escriba las palabras *jubilado*, *blog* y *aventura* en Google y podrá leer sobre personas mayores que están dedicadas al servicio y al trabajo voluntario, viajando por Estados Unidos en vehículos recreativos, utilizando los servicios de Airbnb mientras viajan por Europa, o escribiendo sobre la vida cultural y las actividades en su ciudad. Desarrollar actualmente ideas específicas para el aspecto que tiene su versión ideal de la jubilación es un ejercicio útil. Crear una visión lo ayudará a estimar cuánto es probable que cueste, y a motivarlo a ahorrar lo suficiente para hacerla realidad.

Tener éxito en la economía gig requiere habilidades diferentes que tener éxito como empleado. Si usted ha cultivado esas habilidades —desarrollando una mentalidad de oportunidad, diversificando su trabajo, sacando tiempo entre sus actividades laborales como independiente y siendo financieramente flexible— tendrá entonces todas las herramientas que necesita a fin de crear su propio plan personalizado para el final de su vida laboral.

AHORRAR REPRESENTA LA NUEVA PENSIÓN

Los empleadores y el gobierno han logrado transferir el riesgo y la carga de financiar la jubilación casi por completo a los trabajadores, y no hay señales de que esto se revierta. Los trabajadores tienen que confiar ahora en una mezcla de sus propios ahorros, en seguir trabajando en alguna actividad durante el mayor tiempo posible, y en planear de manera creativa su propia versión de la jubilación.

Mientras piensa en prepararse para la jubilación, considere lo siguiente:

➤ ¿Cuánto puedo ahorrar cada año para mi jubilación?
➤ ¿Qué puedo hacer para ser mejor en lo que respecta a ahorrar para mi jubilación?
➤ ¿Cómo puedo usar todas las reglas y herramientas de este libro para que me ayuden a diseñar mi propia versión personalizada de la jubilación?

LA FUTURA ECONOMÍA GIG

Mi padre tuvo un trabajo en su vida, yo tendré seis trabajos durante mi vida, y mis hijos tendrán seis trabajos al mismo tiempo.

—ROBIN CHASE, FUNDADOR DE ZIPCAR

Nuestras percepciones sobre el trabajo se forman a una edad muy temprana. Desde que somos niños, los adultos nos preguntan qué queremos ser cuando seamos grandes, y las respuestas reflejan lo que vemos a nuestro alrededor: empleados en trabajos a tiempo completo. Respondemos que queremos ser maestros, médicos o bomberos. Todavía no he oído a un chico decir que quiere ser consultor, independiente o contratista. No obstante, si lo hiciera, apostaría a eso, porque ese chico entiende que los empleados en empleos a tiempo completo no son el futuro del trabajo. Para el momento en que los niños de hoy sean adultos, ser un empleado y conseguir un trabajo a tiempo completo será la excepción, no la norma.

El debate entre empleados versus contratistas

La economía gig sigue emergiendo y ganando fuerza. En el camino, está exponiendo nuestras políticas obsoletas, anticuadas y confusas del mercado laboral. Se ha debatido mucho sobre cómo cambiar nuestras leyes y modificar nuestros mercados laborales en respuesta a la economía gig. El debate más importante y significativo se centra en cómo abordar la clasificación actual de los trabajadores como empleados o contratistas.

La distinción entre contratista y empleado es vaga y variable, pero la diferencia de costos para los empleadores es clara y considerable. Se calcula que los empleados a tiempo completo son entre 30% y 40% más costosos que los contratistas debido a los costos adicionales de impuestos, seguros y beneficios.[1] Las empresas con empleados a tiempo completo deben pagar impuestos federales, de Seguro Social y Medicare por cada empleado, así como los impuestos de desempleo federal y estatal, y la compensación de los trabajadores. Algunas empresas también están obligadas a ofrecer licencia médica familiar (si tienen más de cincuenta empleados), y la mayoría de ellas pagan los costos de los beneficios voluntarios, incluyendo el pago de tiempo libre, el acceso a la salud, el seguro de discapacidad y de vida, y algo correspondiente a un 401(k). Las empresas no están obligadas a ofrecer estos beneficios, pero muchas lo hacen.

Nuestras políticas del mercado laboral obligan a las empresas a ofrecer un trabajo estructurado en torno a categorías rígidas —empleado versus contratista— en lugar de permitirles asignar mano de obra con mayor precisión para satisfacer sus necesidades comerciales. No es de extrañar que los empleadores estén arbitrando activamente la disparidad de costos entre los dos tipos de trabajadores. Muchas empresas están reduciendo su número de empleados y contratando más contratistas, o clasificando incluso a los trabajadores de manera errónea, a fin de lograr costos de mano de obra más bajos.[2] Incluso si las empresas prefieren una mayor cantidad de personal dedicado y a tiempo completo, las políticas de nuestro mercado laboral ofrecen incentivos para contratar a un mayor número de mano de obra más barata a corto plazo de lo que hubieran hecho en otro caso.

Para los trabajadores, las políticas que diferencian entre empleados y contratistas crean un paradigma económico de «el ganador lo toma todo», donde si usted es un empleado a tiempo completo, paga impuestos más bajos y tiene acceso a un paquete descontado de beneficios y protecciones proporcionadas por el empleador, que solo están disponibles para trabajadores en empleos tradicionales. Los contratistas, por otra parte, pagan los impuestos del empleador y el empleado sobre sus ganancias, y deben tratar de adquirir sus propios beneficios en el mercado privado a tasas mucho más altas. En nuestra actual estructura del mercado laboral, los trabajadores están desproporcionadamente mejor si son empleados a tiempo completo.

Esta fuerte brecha económica entre empleado y contratista conduce a un exceso de demanda de empleos a tiempo completo. Alienta a los trabajadores a buscar empleos tradicionales, a tiempo completo y con muchos beneficios, aunque prefieran algo inferior a las horas a tiempo completo y estén dispuestos a recibir a cambio una compensación menor. También impulsa a los empleadores a buscar y contratar cualquier fuerza laboral *excepto* empleados a tiempo completo, incluso si prefirieran la atención dedicada de un empleado que pudieran controlar y administrar.

La demarcación entre empleados y contratistas introduce un «inconveniente» en el mercado laboral que crea distorsiones e ineficiencias permanentes. Cambiar el estatus de contratista a empleado aumenta *desproporcionadamente* los costos para las empresas y la indemnización a los empleados. La categorización forzada de los trabajadores obliga a las empresas a limitar las horas de trabajo y la oferta de empleos a tiempo completo, y alienta a los trabajadores que prefieren trabajar menos a aumentar su demanda de tener un empleo a tiempo completo. Esta división artificial entre empleados y contratistas no optimiza las preferencias de los compradores o vendedores de mano de obra y crea un mercado laboral que está en un desequilibrio persistente.

Hasta ahora, el Departamento del Trabajo no ha expresado el interés o la voluntad de cuantificar el tamaño y el crecimiento de la economía gig a través de la recolección de datos, o de promulgar cambios de política para apoyarla. El gobierno se ha mantenido inactivo y no ha actualizado las políticas para ofrecer mayor seguridad y estabilidad financiera a los trabajadores que no tienen un trabajo a tiempo completo en una empresa. Se ha adherido obstinadamente a un viejo modelo anticuado que define «empleos» y «empleados» de maneras cada vez más irrelevantes y que obstruyen la innovación, el crecimiento y la oportunidad.

Este viejo modelo es tan confuso como anticuado. Las definiciones actuales de empleado y contratista son vagas, cualitativas, y varían entre varias agencias diferentes. Por ejemplo, el IRS proporciona una lista de factores que ayudan a identificar a un empleado frente a un contratista, pero los factores en la lista no son fácilmente cuantificados, ponderados o priorizados.[3] El Departamento del Trabajo ha publicado una lista de factores completamente diferente, pero igualmente subjetiva, en su «interpretación del administrador» en cuanto a quién es un empleado y quien es un contratista.[4] La Junta Nacional de Relaciones Laborales (NLRB) ha emitido otra lista que aplica y pondera caso por caso.[5]

La falta de voluntad del gobierno en lo que respecta a promulgar un conjunto de definiciones claras para el empleado y el contratista les transfiere, tanto a las empresas como a los trabajadores mismos, el riesgo de clasificar incorrectamente a los trabajadores. La confusión y la oscuridad en torno a cómo definir cada categoría y diferenciar entre las dos ha conducido a costosas batallas legales sobre cómo clasificar a los trabajadores, obligando a las empresas a asumir riesgos normativos y legales, y colocando a los trabajadores en una posición incierta con los empleadores.

Qué estimulará al gobierno a actuar para actualizar estas anticuadas políticas del mercado laboral es algo que nadie sabe. Lo que está claro es que el gobierno goza de algunos beneficios económicos al mantener el *statu quo* de nuestro actual mercado laboral. Como recaudador de ingresos fiscales, el gobierno prefiere que haya más empleados. Dado que las empresas son responsables de reportar y recaudar impuestos a nombre de sus empleados, el gobierno ve una tasa de cumplimiento del 99% por parte de los empleadores en lo que respecta a los impuestos por los ingresos, el Seguro Social y el Medicare. Si un trabajador cambia de categoría y pasa a ser un contratista, la información y el cumplimiento fiscal disminuyen a menos de la mitad (aproximadamente el 44%).[6] Si el gobierno implementa cambios de políticas que respalden el ascenso del trabajo independiente y reconozcan el declive del empleado, el resultado será casi con seguridad unos ingresos fiscales más bajos. En 2015, los impuestos sobre la nómina representaban el 33% de los impuestos recaudados, un porcentaje significativo de los ingresos del gobierno.[7]

La inacción del gobierno y la falta de voluntad para actualizar las políticas laborales están causando confusión, distorsionando el mercado laboral, y obligando a las empresas y a los trabajadores a asumir riesgos cuando optan por trabajar por fuera de los rígidos constructos de un trabajo a tiempo completo. Hasta que las políticas laborales del gobierno cambien, los trabajadores seguirán sin tener acceso a ciertos beneficios, derechos y protecciones a menos que tengan un empleo tradicional, y las empresas seguirán teniendo la oportunidad y el incentivo económico para contratar a contratistas en lugar de empleados.

El aspecto que podría tener la futura economía gig

El debate sobre cómo será la futura economía gig ha generado nuevas propuestas sobre cómo reformar y reestructurar nuestro mercado laboral. Las siguientes propuestas representan un subconjunto que ha ganado fuerza en el debate. Nos brindan algunas ideas tempranas sobre cómo podría evolucionar la economía gig en el futuro.

Eliminar la categorización de los trabajadores

Lo primero en desaparecer serían sin duda las distinciones complicadas, mal definidas y obsoletas entre empleado y contratista. Un cambio en las políticas que elimine este «inconveniente» artificial en el mercado eliminaría las ineficiencias y distorsiones económicas resultantes que ofrecen incentivos para que los empleadores arbitren entre categorías de trabajadores. En lugar de contratar contratistas porque son mucho más baratos que los empleados, un empleador podría contratar *trabajadores* por el tiempo que sea necesario.[8]

Si permitimos que las empresas les paguen más fluidamente a los trabajadores a lo largo de una secuencia, en lugar de navegar y elegir entre categorías discretas, tanto las empresas como los trabajadores podrían estar en mejores condiciones. Las empresas podrían ofrecer un trabajo completamente estructurado en torno a las demandas reales de sus negocios, y los trabajadores podrían ofrecer su trabajo basados enteramente en sus preferencias específicas de trabajo e ingresos. Si las empresas pudieran pagarles a los trabajadores por horas trabajadas, crearían un mercado laboral líquido y más eficiente. Esto eliminaría las ineficiencias, los incentivos perversos y el arbitraje que fomentan las clasificaciones artificiales de nuestro actual sistema laboral.

Agregar una tercera categoría de trabajadores

En lugar de eliminar la categorización de los trabajadores, una de las propuestas de políticas incrementales más comunes para la economía gig es añadir otra categoría.[9] Numerosos académicos y comentaristas políticos proponen la creación de una tercera categoría legal de «empleado independiente» o «contratista dependiente» como una categoría intermedia entre empleado y contratista. Dicha tercera categoría de trabajadores obtendría algunas de las protecciones

—pero no todas— ofrecidas a los empleados tradicionales. Esta tercera opción ya ha sido evaluada y probada en Canadá, Alemania y España. Tal propuesta es incremental, ya que simplemente aumenta nuestro sistema de categorización existente y mantiene la capacidad de los empleadores para arbitrar entre categorías.

Ofrecer beneficios prorrateados y transferibles

El planificador financiero Michael Kitces ve un mundo donde la mayoría de los sitios de trabajo ya no proporcionan beneficios para los empleados. En cambio, los empleadores les asignarían el dinero previamente utilizado para beneficios directamente a los empleados como parte de su salario o compensación. Los empleados deciden y seleccionan entonces qué beneficios comprar. En palabras de Kitces: «Después de todo, ¿cuál es la diferencia entre un empleador que paga $50.000 al año, más $500 al mes por seguro de salud y una contribución del 3% ($1.500) a un plan de jubilación, frente a pagarle simplemente al empleado $57.500 en salario y dejar que sea él quien tome las decisiones?».[10] Esta propuesta es administrativamente simple, pero depende de mercados privados o asistidos por el gobierno (como los intercambios de salud bajo la Ley del Cuidado de Salud a Bajo Precio) para ofrecerles a los individuos una forma de seleccionar y comprar beneficios asequibles.

La mayoría de las otras propuestas son más complejas en términos administrativos e involucran a un intermediario para administrar la compra de beneficios. David Rolf y Nick Hanauer proponen el prorrateo, la transferencia y la universalidad de los beneficios. Con el prorrateo, la acumulación de beneficios se basa en las horas trabajadas. Si alguien trabaja treinta horas a la semana (de una semana normal de trabajo de cuarenta horas), debe obtener tres cuartas partes de los beneficios a tiempo completo de su lugar de trabajo. La universalidad garantiza que un conjunto básico de beneficios y estándares laborales debe ser estándar en «todos los empleadores y en todas las formas de empleo». De esta manera, la diferencia de beneficios entre empleados y contratistas sería menos pronunciada. Para asegurar la transferencia, los autores proponen que estos beneficios se acumulen mediante deducciones automáticas de nómina y se agrupen en lo que llaman una Cuenta de Seguridad Compartida, administrada por un tercero.[11]

Steven Hill, miembro de la Fundación New America y autor de *Raw Deal: How the «Uber» Economy and Runaway Capitalism are Screwing American Workers* [Trato injusto: Cómo la economía «Uber» y el capitalismo fugitivo están atormentando a los trabajadores estadounidenses], propone un plan multiempleador similar que requiera que todos los empleadores paguen beneficios a los trabajadores basados en las horas trabajadas o el salario bruto. Los pagos de los beneficios entrarían en una Cuenta de Seguridad Individual y luego pagarían, a través de deducciones de nómina, el Seguro Social, el Medicare y el desempleo.[12]

Crear un seguro de salario

El antiguo Secretario del Trabajo Robert Reich y el profesor de política pública Robert LaLonde abogan por una modalidad de seguro de ingresos que proteja a los trabajadores independientes de la disminución de sus ganancias. La mecánica de las diferentes propuestas varía, pero la idea es reducir la volatilidad de los ingresos variables de la economía gig. El seguro de ingresos podría complementar o reemplazar el seguro de desempleo. Según el ejemplo de Reich, si «su ingreso mensual disminuye más del 50% por debajo del ingreso mensual promedio que recibió de todos los trabajos que ha tenido en los últimos cinco años, automáticamente recibirá la mitad de la diferencia hasta por un año».[13]

Implementar un ingreso básico universal

Robert Reich y otros han apoyado públicamente un ingreso básico universal (IBU), o garantía de ingresos básicos.[14] El IBU es una cantidad fija y garantizada pagada por el gobierno a cada ciudadano por toda la vida, sin importar el empleo o la situación laboral. A su vez, los gobiernos eliminan la asistencia pública y los programas de lucha contra la pobreza, como los beneficios de desempleo y la asistencia alimentaria. El IBU no se ha implementado en ningún otro país, por lo que no hay evidencia empírica sobre sus efectos y consecuencias.

Una variación en la oferta del IBU es ofrecida por el economista británico Tim Harford. Él va más allá de sugerir que el gobierno garantice únicamente los ingresos y propone que el gobierno proporcione atención médica, pensiones e ingresos a todos a un nivel muy básico. Cualquier cosa por encima de la «red de seguridad» proporcionada por el Estado debe ser pagada por los propios individuos o los empleadores que los proporcionen voluntariamente. Él le llama a su propuesta «libertarismo con una red de seguridad».[15]

Permitir que los contratistas negocien colectivamente

La Ley Nacional de Relaciones Laborales solo se aplica a los empleados, excluyendo así a los contratistas independientes de la capacidad de negociación colectiva. En el pasado, los intentos de los contratistas por sindicalizarse y negociar fueron frustrados invocando leyes antimonopolio. El argumento es que los contratistas que negocian colectivamente para fijar tarifas comunes son en esencia conspiradores, lo cual viola las leyes antimonopolio. Sin embargo, en diciembre de 2015, el concejo municipal de Seattle votó para extender los derechos de negociación colectiva a los conductores de Uber y Lyft.[16] En marzo, la Cámara de Comercio de Estados Unidos demandó a la ciudad de Seattle, señalando que la ordenanza viola las leyes antimonopolio.[17] Se espera que California introduzca un proyecto de ley similar que cubra a los contratistas independientes que trabajan en plataformas según la demanda.

Lo que la mayoría de estas propuestas tienen en común es que intentan mejorar el mercado laboral actual al eliminar la capacidad de un empleador de arbitrar entre empleados y contratistas, y apoyar las opciones de los trabajadores sobre cómo trabajar. Su objetivo primordial es permitir que los trabajadores en la economía gig puedan tener acceso a beneficios y protecciones similares a los que reciben actualmente los empleados.

El futuro de los «buenos empleos»

El crecimiento de la economía gig ha generado preocupaciones acerca de que está eliminando los «buenos empleos» que se requieren para una economía próspera y una clase media sana. Como comentamos en la introducción, los «malos empleos» son fáciles de detectar, porque todos tenemos una idea de cuáles son. Son empleos con salarios bajos, pocos beneficios o ninguno, y bajos niveles de autonomía, control y significado. Los malos empleos son persistentes en nuestra economía actual y la economía gig no los hace desaparecer. Lo que sí hace es crear la oportunidad de convertir esos malos empleos en uno mejor, lo cual es un paso en la dirección correcta.

Los buenos empleos, por otra parte, son más difíciles de identificar. Hay muchas maneras de pensar en lo que constituye un buen empleo.

➤ Gallup define un buen empleo como «uno con más de treinta horas de trabajo a la semana con un sueldo coherente por parte de un empleador. Un *gran* empleo es uno en el que usted cree que su jefe se preocupa por su desarrollo, puede utilizar sus fortalezas individuales en el trabajo y cree que su empleo contribuye en algo».[18]

➤ Según Zeynep Ton, profesor del MIT y autor de *The Good Jobs Strategy* [La estrategia de los buenos empleos], un buen empleo es uno «con un salario decente, beneficios decentes y horarios de trabajo estables» y donde «los empleados pueden desempeñarse bien y encontrar sentido y dignidad en su trabajo».[19]

➤ El autor Steven Hill afirma que un buen empleo es aquel que proporciona «salario decente, atención médica, jubilación y una red de seguridad, con una dosis de confianza en el empleo».[20]

Estas perspectivas diferentes ponen de relieve la dificultad de definir lo que realmente es un «buen empleo». Todos estamos de acuerdo en que todos los trabajadores quieren que se les pague bien, pero incluso lo que está «bien» varía enormemente. No todo el mundo pone la remuneración en la parte superior de su lista de cosas importantes. Hay muchos trabajadores que optan por aceptar puestos de trabajo con salarios más bajos que otras opciones más lucrativas. Hable con casi cualquier persona en el sector sin fines de lucro, en un trabajo del sector público, o aspire a ser un actor o artista, y descubra por qué la remuneración no es lo más importante. También hay muchos otros trabajadores que están dispuestos a cambiar la remuneración por otros beneficios laborales, tales como horas reducidas, flexibilidad, o más tiempo libre. Algún nivel básico de remuneración es claramente importante, pero no podemos identificar con precisión lo que es o lo que hace la economía para un buen empleo.

En esencia, un buen empleo, como la belleza, está en el ojo del espectador. Las expectativas de los trabajadores son importantes en cualquier evaluación de lo que es un buen empleo. El trabajo ideal de alguien es la versión de un dibujo animado de Dilbert para otra persona. Algunos quieren que el trabajo los desafíe y los absorba. Derivan una sensación de *fluir*, o un disfrute profundo y gran creatividad, a partir de sus días y buscan un empleo que ofrezca ese sentimiento.[21] Otros quieren ir a trabajar y luego olvidarse por completo al final del día.

Incluso si quisiéramos más empleos buenos —sin importar cómo los definamos— la realidad es que estos se están volviendo más escasos. La creación de empleos a tiempo completo ha estado disminuyendo durante la última década y se encuentra en sus mínimos históricos. Los empleados son una fuente de mano de obra costosa e inflexible. Las corporaciones están automatizando tareas, subcontratando y contratando trabajo por fuera para evitar contratar empleados a tiempo completo, quienes se han convertido en trabajadores de último recurso. Estas tendencias sugieren que no sostendremos a la clase media aferrándonos al viejo modelo de empleado en el trabajo. En su lugar, debemos considerar una base diferente para la clase media que sea realista y sostenible en la economía gig.

La base económica tradicional de la clase media ya se está desmoronando, porque se basó en la expectativa de —no, en la *dependencia de*— ingresos permanentes y a largo plazo de empleos seguros a tiempo completo. Ahora que ningún empleo —sin importar cómo lo defina usted— es seguro, cualquier estilo de vida construido sobre la suposición de un flujo constante e ininterrumpido de ingresos es algo arriesgado en el mejor de los casos, y alucinatorio en el peor. Cualquier plan económico prudente tiene que incluir la probabilidad de que los ingresos varíen y los empleos

Base del trabajo tradicional	Base de la economía gig
Salarios estables	Ingresos diversificados
Empleos seguros y a tiempo completo	Trabajo, no empleos
Propiedad de vivienda altamente apalancada	Preparativos flexibles de vivienda con bajo apalancamiento o sin apalancamiento
Jubilación financiada por las empresas	Ahorros individuales para la jubilación y tiempo de descanso entre trabajos independientes

cambien. La clase media tendrá que reconstruirse sobre una base diferente en la economía gig.

Esta nueva base de la clase media es más pequeña. No apoyará la carga pesada de la deuda y el consumo que caracterizó el viejo estilo de vida de la clase media. Al entrar a un mundo laboral que no ofrece un ingreso confiable a largo plazo ni ningún sentido de seguridad en el empleo, debemos esperar ver a los trabajadores elegir un estilo de vida mucho menos apalancado y de costo más variable, pues no saben lo que les deparará el futuro.

El estilo de vida de la clase media altamente apalancado y de alto nivel no es sostenible en la economía gig.

El futuro del trabajo: deje de buscar un empleo

Como hemos visto a lo largo de este libro, podemos, a través de un portafolio de trabajo diverso, e independiente de un empleo a tiempo completo, lograr un pago decente, acceder a buenos beneficios, incluyendo nuestra propia cobertura de salud y ahorros de jubilación, buscar un trabajo que creemos significativo y estructurar una vida que sea congruente con nuestra visión del éxito y nuestras prioridades. En la economía gig, podemos simplemente eliminar el marco rígido de un *empleo* y en su lugar hablar de cómo fomentar una economía de un *buen trabajo*, sin importar cómo esté organizado y estructurado. Podemos lograr los beneficios de un buen empleo sin tener que conseguir uno.

Este hallazgo tiene implicaciones enormes para los trabajadores, los empleadores y nuestra economía. Si somos capaces de aceptar que el futuro del trabajo se base en el trabajo, y no en los empleos, entonces podemos comenzar a cambiar las políticas para otorgar beneficios, protecciones y derechos a los trabajadores, sin importar qué tanto o cómo funcionen. Podemos cerrar la enorme brecha que les permite a las empresas (y por lo cual les ofrece incentivos) evitar el pago de impuestos y beneficios para los trabajadores que no son empleados. Y podemos dejar de centrarnos en la «creación de empleo» como una meta política y centrarnos en cambio en la «creación de trabajo». Podemos abogar por políticas que estimulen y respalden a los trabajadores para trabajar como ellos elijan: en empleos, como contratistas, por proyecto o bajo demanda.

Nuestro mercado laboral necesita reflejar que el trabajo en la economía gig no siempre, o ni siquiera casi siempre, tiene lugar en un empleo. Ya no tenemos que trabajar para un solo empleador, en un empleo preestablecido, predefinido y rígidamente organizado, para obtener los beneficios de un *buen empleo*. En la economía gig podemos dejar de buscar un buen empleo y enfocarnos en encontrar un buen trabajo.

Los trabajadores independientes siguen siendo una pequeña parte de la mano de obra actual, pero la economía gig está creciendo rápidamente. Los niños de hoy seguirán creciendo en un mundo dominado por los empleados a tiempo completo. Es probable que los niños del mañana ingresen a una fuerza laboral donde cada vez menos personas sean empleados a tiempo completo en empleos a tiempo completo. Tener un portafolio diverso de trabajo constituirá la nueva normalidad, y ser un empleado a tiempo completo para un solo empleador será la excepción.

Cuando les preguntemos a los niños del futuro qué quieren ser cuando crezcan, no tendrán una respuesta.

Tendrán una lista.

AGRADECIMIENTOS

La economía gig tuvo que tener lugar para escribir este libro. Mi vida laboral en la economía gig lo inspiró, la clase de maestría que imparto sobre el tema lo informó, y todo un equipo de trabajadores independientes de la economía gig ayudaron a investigar, editar y revisar el manuscrito, transcribir entrevistas, desarrollar un sitio web, elaborar una estrategia de medios sociales, y estuvieron de acuerdo en ser entrevistados. Como equipo, no organizamos una conferencia telefónica ni asistimos a una reunión, y ninguno de nuestros trabajos tuvo lugar en un cubículo (ni siquiera en una oficina). Por estas razones, todos queremos que la economía gig sea el futuro del trabajo.

Así que, en primera instancia, gracias al equipo. Tuve muchísima suerte cuando encontré a Emily Adams como mi asistente de investigación. Ella se unió a mí en las primeras etapas de la redacción de este libro y permaneció conmigo hasta la última entrega, investigando artículos e informes, editando borradores, comentando conceptos e ideas, y en medio de todo, pasando por su propia transformación como empleada a tiempo completo a trabajar como independiente en la economía gig. Estoy increíblemente agradecida y valoro mucho las muchas contribuciones significativas que hizo a este proyecto.

Agradezco a todas las personas que entrevisté acerca de los temas de este libro. Valoro su disposición para compartir sus experiencias, perspectivas e historias sobre su vida personal y profesional en la economía gig. Agradezco especialmente a aquellas que también han estado dispuestas a hablar en mi clase, incluyendo a Sharon Bially, Dorie Clark, Devin Cole, Jessica Fox, Rachel Greenberger, Deanna Jacobsen, Yoon Lee, Shannon O'Brien, Laura Gassner Otting, Beth Rogers, Allison Shapira, Gail Simmons y Michelle Toth.

Quiero agradecerle a Caitria O'Neill, mi asistente de investigación, por hacer contribuciones tempranas a este libro y luego validar las ideas que contiene al establecer y vivir con éxito su propia vida en la economía gig. Muchas gracias a Deanna Jacobsen por crear y ejecutar los medios sociales para toda mi escritura, para mi sitio web, y por hablar en mi clase como una experta en medios sociales. Estoy muy agradecida con Lauren Paap, cuyo trabajo increíblemente intuitivo me proporcionó equilibrio y energía durante toda la escritura de este libro. Upwork ha sido una gran fuente de transcriptores, así como de editores de manuscritos y revisores. Quiero agradecer especialmente a los editores Josh Raab y Karen Best por sus revisiones cuidadosas y útiles de mi manuscrito durante las entregas tempranas.

También tengo la suerte de contar con buenos amigos que aceptaron leer y revisar los primeros borradores. Un enorme agradecimiento a Sharon Bially por sus valiosas opiniones y ediciones en cuanto a la propuesta para este libro, el manuscrito, y por su asesoramiento y ayuda en todos los aspectos de relaciones públicas. Las mismas gracias inmensas a Jill Simeone por leer cada manuscrito que he escrito, y por las excelentes ideas y ediciones que siempre los mejoran. Cherone Duggan y yo sostuvimos muchas charlas largas sobre el trabajo y la vida en la economía gig que fueron valiosas para solidificar las ideas de este libro. Muchas gracias también a Cherone por leer y hacer ediciones en los primeros borradores del manuscrito, y a Caitlin Lewis y Megan Prasad por leer y comentar varios capítulos.

Mis colegas en Babson College me han dado un hogar académico y un maravilloso ambiente de enseñanza durante los últimos seis años. Establecí la idea y el plan de estudios para mi clase de economía gig en el año 2011, antes de que el término «economía gig» formara parte del léxico popular, y desde el primer borrador, la doctora Candy Brush le brindó un enorme apoyo y aliento a mi idea. Candy ha sido una abanderada, una partidaria y una mentora durante toda mi labor en Babson, y no puedo estar más agradecida con ella. Len Schlesinger, el presidente de Babson, fue un predicador igualmente precoz y entusiasta de la economía gig, y defendió mi curso en cada oportunidad. Soy muy afortunada de tener colegas como Amy Blitz, Susan Duffy, Patti Greene, Rachel Greenberger y Jan Shubert, quienes me han ofrecido su apoyo, consejo y amistad.

Durante los últimos cinco años de enseñanza de la economía gig en el programa de maestría en administración de negocios en Babson, mis estudiantes han hecho excelentes comentarios, preguntas perspicaces, han desafiado mis afirmaciones y compartido generosamente sus propias experiencias, perspectivas y opiniones sobre los cambios que ven y enfrentan en la fuerza laboral. Les doy las gracias a todos.

La Fundación Ewing Marion Kauffman ha sido mi hogar profesional durante los últimos seis años, y mis colegas allí continúan brindando un apoyo tremendo y consejos a todas mis iniciativas de escritura. Mis colegas becarias en la Fundación, Diana Kander y Alicia Robb, así como mis colegas Alana Muller y Allison Schrager, han sido particularmente útiles para la investigación y la escritura de este libro.

Tanto mi vida profesional y de escritura han sido alentadas, apoyadas y promovidas (cuando es necesario) por Harold Bradley, mi increíble mentor. Somos una pareja poco probable, y nunca entenderé realmente todo eso del béisbol, pero él ha sacado lo mejor de mí, me ha ayudado a ser una mejor escritora, y me ha enseñado todo que sé sobre ser una provocadora.

La ciudad de Nueva York ha sido mi casa editorial para este libro. Muchas gracias a Alexandra Machinist, de Janklow & Nesbit, por haberme firmado originalmente, y a Paul Lucas por ser mi agente después de que ella se retirara, así como por guiarme con experiencia a través del proceso de vender y publicar este libro. Un agradecimiento especial también a Michael Steger en Janklow & Nesbit por su trabajo legal excelente, paciente y útil.

Soy una autora afortunada de trabajar con AMACOM. El mayor elogio es para Ellen Kadin, mi editora, por su estímulo, paciencia y creencia temprana en este libro y las ideas que contiene. Barry Richardson hizo comentarios increíblemente útiles sobre la primera entrega de este manuscrito, y el libro ha mejorado mucho gracias a su revisión. También agradezco a Jenny Wesselmann e Irene Majuk de AMACOM por su ayuda en ventas y mercadeo.

Mi hogar actual es tanto Boston como Dublín. Mis padres y mis suegros me brindan amor continuo, apoyo y oportunidades muy apreciadas para relajarme con sus comidas caseras. Mi hermano y mis cuñados y cuñadas son amigos y familiares para mí, y me ofrecen amor, apoyo y oportunidades muy apreciadas para relajarme y pasar el rato con unas copas de vino. Tengo las mejores sobrinas, y las visitas y las fiestas de pijamas más divertidas tienen lugar con ellas. Mucho cariño para Deven, Heather, Julia, Margot, Rachel, Ruth, Sophie y Taylor.

Tenemos la familia en la que nacimos, y la que elegimos. La mejor decisión que tomamos fue unirnos al programa de la Familia Anfitriona de Harvard y convertirnos en una familia anfitriona para Cherone Duggan, Kasey LeBlanc, Caitlin Lewis, Yuying Luo, Megan Prasad y Amy Stockton. Un montón de amor de #FamAnfi a cada una de ellas.

Nuestra casa es un hogar gracias a nuestro maravilloso vecindario y vecinos. Muchas gracias a nuestra calle, especialmente a quienes viven en #14, #8, #6, #4 y los Murphys. La comunidad de escritores de Boston es especial y estoy muy contenta de haber sido miembro del fabuloso Grub Street durante los últimos años, así como del Salón de Escritores de Boston.

Las más sinceras gracias a mi esposo Kevin, a quien está dedicado este libro, por el amor, la aventura y la vida más divertida e interesante que yo pudiera imaginar.

NOTAS

INTRODUCCIÓN

1. Oficina de Estadísticas Laborales, Resumen de Tenencia del Empleado, 18 septiembre 2014. www.bls.gov/news.release/tenure.nr0.htm.

2. Gould, Elise, Instituto de Política Económica, «2014 continues a 35-year trend of broad-base wage stagnation», 19 febrero 2015. www.epi.org/publication/stagnant-wages-in-2014/.

3. Adkins, Amy, «Majority of U.S. Employees Not Engaged Despite Gains in 2014», *Gallup*, 28 enero 2015, www.gallup.com/poll/181289/majority-employees-not-engaged-despite-gains-2014.aspx.

4. The Conference Board, «Surge in Hiring Lifts Outlook for Workers, but Overall Job Satisfaction Remains Below 50%», 8 septiembre 2015. www.conferenceboard.org/press/pressdetail.cfm?pressid=5545.

5. Freelancers Union, Freelancing in America: 2015, un estudio independiente encargado por el Freelancers Union y Upwork. También, Rasch, Rena, «Your Best Workers May Not Be Your Employees: A Global Study of Independent Workers», IBM Smarter Work-force Institute, octubre 2014. public.dhe.ibm.com/common/ssi/ecm/lo/en/lol14027usen/LOL14027USEN.PDF? Véase también Field Nation, The New Face of the American Workforce, 2014. info.fieldnation.com/new-face-of-the-american-workforceamerica-vacation-workaholic-culture-labor-day.

6. PriceWaterhouseCoopers, «Work-Life 3.0: Understanding How We'll Work Next», 2016. www.pwc.com/us/en/industry/entertainment-media/publications/consumer-intelligence-series/assets/pwc-consumer-intellgience-series-future-of-work-june-2016.pdf. Véase también, Freelancers Union, Freelancing in America: 2015. fu-web-storage-prod.

s3.amazonaws.com/content/filer_public/59/e7/59e70be1-5730-4db8-919f-1d9b5024f939/survey_2015.pdf.

7. Mills, Karen, G., «Growth & Shared Prosperity», Harvard Business School, U.S. Competitiveness Project. www.hbs.edu/competitiveness/Documents/growth-and-shared-prosperity.pdf.

8. Haltiwanger, John, Ron S. Jarmin y Javier Miranda, «Who Creates Jobs? Small Versus Large Versus Young», *The Review of Economics and Statistics*, mayo 2013. www.mitpressjournals.org/doi/pdf/10.1162/REST_a_00288.

9. Fundación Ewing Marion Kauffman, The Importance of Young Firms for Economic Growth, Entrepreneurship Policy Digest, actualizado el 14 de septiembre de 2015. www.kauffman.org/~/media/kauffman_org/resources/2014/entrepreneurship%20policy%20digest/september%202014/entrepreneurship_policy_digest_september 2014.pdf.

10. Reedy, E. J. y Robert E. Litan, «Starting Smaller; Staying Smaller: America's Slow Leak in Job Creation», Fundación Ewing Marion Kauffman, julio 2011. www.kauffman.org/~/media/kauffman_org/research%20reports%20and%20covers/2011/07/job_leaks_starting_smaller_study.pdf.

11. Comité de salud, educación, trabajo y pensiones del Senado de Estados Unidos, Departamento del Trabajo, «Statement of Seth D. Harris Deputy Secretary U.S. Department of Labor Before the Committee on Health, Education, Labor, and Pensions», 17 junio 2010.

12. Departamento del Trabajo, «$10.2m awarded to fund worker misclassification detection, enforcement activities in 19 state unemployment insurance programs», 15 septiembre 2014, www.dol.gov/newsroom/releases/eta/eta20141708.

13. Ton, Zeynep, «Why "Good Jobs" Are Good for Retailers», *Harvard Business Review*, enero-febrero 2012, hbr.org/2012/01/why-good-jobs-are-good-for-retailers.

14. Departamento del Trabajo, «Contingent Workers», 1995, www.dol.gov/dol/aboutdol/history/reich/reports/dunlop/section5.htm.

15. Oficina de Estadísticas Laborales, «Contingent and Alternative Employment Arrangements», febrero 2005, www.bls.gov/news.release/conemp.toc.htm.

16. Katz, Lawrence, F. y Alan B. Krueger, «The Rise and Nature of Alternative Work Arrangements in the United States, 1995-2015», 29

marzo 2016. krueger.princeton.edu/sites/default/files/akrueger/files/
katz_krueger_cws_-_march_29_20165.pd.

17. King, Steve y Gene Zaino, «Your Company Needs Independent Workers»,
Harvard Business Review, 23 noviembre 2015, hbr.org/2015/11/your-
company-needs-independent-workers, y Taylor, Timothy, «How Many in
the Gig Economy?», Seeking Alpha, 17 febrero 2016, seekingalpha.com/
article/3901316-many-gig-economy, y Worstall, Tim, «Contractors and
Temps were 100% of Job Growth in the US: And That's a Good Thing»,
Forbes, 31 marzo 2016, www.forbes.com/sites/timworstall/2016/03/31/
contractors-and-temps-were-100-of-job-growth-in-us-and-thats-a-
good-thing/#4f7610ac1b24, y Sussman, Anna Louise, y Josh Zumbrun,
«Contract Workforce Outpaces Growth in Silicon-Valley Style "Gig"
Jobs», WSJ, 25 marzo 2016, www.wsj.com/articles/contract-workforce-
outpaces-growth-in-silicon-valley-style-gig-jobs-1458948608.

CAPÍTULO I

1. Fox, Jessica, *Three Things You Need to Know About Rockets: A Real-Life
Scottish Fairy Tail* (Nueva York: Marble Arch Press, 2013).

2. Campbell, Joseph, *The Power of Myth* (Nueva York: Anchor Doubleday,
1988).

3. MetLife, «The Do-It-Yourself Dream», Estudio de 2011 de MetLife
sobre el sueño americano, 2011, www.metlife.com/assets/cao/gbms/
studies/metlife-2011-american-dream-report.pdf.

4. El Centro para un Nuevo Sueño Americano, «New American Dream
Survey—A Public Opinion Poll», *The Center for a New American Dream*,
2014. www.newdream.org/resources/poll-2014.

5. Kasser, Tim, *The High Price of Materialism* (Cambridge, MA: MIT, 2002).

6. Waldinger, Robert, «What Makes a Good Life? Lessons From the
Longest Study on Happiness», *TED.com*. www.ted.com/talks/robert_
waldinger_what_makes_a_good_life_lessons_from_the_longest_study_
on_happiness/transcript?language=en

7. Ware, Bronnie, «Regrets of the Dying», *Bronnie Ware*, 19 noviembre 2009.
www.mindful.org/no-regrets/.

8. Savage, Roz, *Rowing the Atlantic: Lessons Learned on the Open Ocean*
(Nueva York: Simon & Schuster Paperbacks, 2010).

9. Ellis, Linda, «The Dash», *Linda Ellis*, 1996. www.linda-ellis.com/the-
dash-the-dash-poem-by-linda-ellis-.html.

10. Brooks, David, «The Moral Bucket List», *The New York Times*, 11 abril 2015. www.nytimes.com/2015/04/12/opinion/sunday/david-brooks-the-moral-bucket-list.html.

11. Shell, Richard, G., Springboard: Launching Your Personal Search for Success, Penguin Group, 15 agosto 2013.

12. Gilbert, Daniel Todd, *Stumbling on Happiness* (Nueva York: A.A. Knopf, 2006).

13. Christakis, Nicholas A. y James H. Fowler, *Connected: The Surprising Power of Our Social Networks and How They Shape Our Lives* (Nueva York: Little, Brown, 2011).

14. Groth, Aimee, «You're the Average of the Five People You Spend the Most Time With», Business Insider, 24 julio 2012. www.businessinsider.com/jim-rohn-youre-the-average-of-the-five-people-you-spend-the-most-time-with-2012-7.

15. Marsh, Nigel, «How to Make Work-Life Balance Work», *TED.com*, mayo 2010. www.ted.com/talks/nigel_marsh_how_to_make_work_ life_balance_work?language=en.

16. Christensen, Clayton, «How Will You Measure Your Life?», *Harvard Business Review*, Julio-agosto 2012, hbr.org/ 2010/07/how-will-you-measure-your-life.

CAPÍTULO 2

1. Handy, Charles, *The Age of Unreason* (Boston, MA: Harvard Business Review, 1999).

2. Komisar, Randy y Kent Lineback, *The Monk and the Riddle: The Art of Creating a Life While Making a Living* (Boston, MA: Harvard Business School, 2001).

3. Gladwell, Malcolm, *Outliers: The Story of Success* (Nueva York: Back Bay Books, 2011) [*Outliers, Fuera de serie* (Miami: Debolsillo, 2017)].

CAPÍTULO 3

1. Foster, Richard, «Creative Destruction Whips Through Corporate America», *Innosight*, invierno del 2012, www.innosight.com/innovation-resources/strategy-innovation/upload/creative-destruction-whips-through-corporate-america_final2015.pdf.

2. Daepp, Madeleine I. G., Marcus J. Hamilton, Geoffrey B. West y Luis M. A. Bettencourt, «The Mortality of Companies», *The Royal Society*

Publishing. Instituto Santa Fe, 1 abril 2015. rsif.royalsocietypublishing. org/content/12/106/20150120.

3. Darrow, Barb, «Microsoft Cuts Another 7,800 Jobs, Takes $7.6 Billion "Impairment Charge"», *Fortune*, 8 julio 2015, fortune.com/2015/07/08/ microsoft-layoffs/.

4. Brunsman, Barrett, J., «P&G to Eliminate up to 6,000 More Office Jobs», *Cincinnati Business Courier*, 24 abril 2015, www.bizjournals.com/ cincinnati/news/2015/04/24/p-g-to-eliminate-up-to-6-000-more-office-jobs.html.

5. Pramuk, Jacob, «JP Morgan Expected to Cut More Than 5,000 Jobs by Next Year», *CNBC*, 28 mayo 2015, www.cnbc.com/2015/05/28/ jpmorgan-expected-to-cut-more-than-5000-jobs-by-next-year-dj-citing-sources.html.

6. Snyder, Benjamin, «American Express to Cut 4,000 Jobs», *Fortune*, 21 enero 2015, fortune.com/2015/01/21/american-express-job-cuts/.

7. Moylan, Martin, «For Target, 2015 Brought Layoffs, Empty Shelves and Hope», Minneapolis Public Radio News, 29 diciembre 2015, www. mprnews.org/story/2015/12/29/target-2015-review.

8. Wahba, Phil, «Walmart CEO tells staff 450 jobs cuts aim to make are to become more "nimble" retailer», Fortune, 2 octubre 2015, fortune. com/2015/10/02/walmart-ceo-layoffs/. Véase también Frost, Peter, «McDonald's lays of 225 as part of cost-cutting», Crain's Chicago Business, 6 agosto 2015, www.chicagobusiness.com/article/20150806/ NEWS07/150809909/mcdonalds-lays-off-225-as-part-of-cost-cutting.

9. Oreskovic, Alexei, «Warning Sign: Tech Companies of All Sizes and Ages Are Starting to Have Layoffs», *Business Insider*, 18 octubre 2015, www.businessinsider.com/tech-company-layoffs-are-increasing-2015-10. Véase también, Kosoff, Maya, «Groupon Is Laying off 1,100 Employees and Shutting Down Its Operations in 7 Countries», *Business Insider*, 22 septiembre 2015, www.businessinsider. com/groupon-laying-off-1100-employees-and-shutting-down-operations-in-7-countries-2015-9.

10. Eichler, Alexander, «Government Accounted for Nearly a Third of All Layoffs in 2011: Report», *Huffington Post*, 5 enero 2012, www. huffingtonpost.com/2012/01/05/government-finance-layoffs_n_1185938. html.

11. Universidad de Pensilvania, Knowledge@Wharton, «Underfunded Pensions: Tackling an "Invisible" Crisis», 26 de enero de 2015, knowledge. wharton.upenn.edu/article/underfunded-pensions-tackling-an-invisible-crisis/.

12. Glassdoor, Encuesta sobre la confianza en el empleo en Estados Unidos Q3 2015 US, press-content.glassdoor.com/app/uploads/sites/2/2015/10/ ECS-Q32015-Supplement.pdf.

13. «Employee Job Satisfaction and Engagement», *SHRM*, Sociedad para la Administración de Recursos Humanos, 2015, www.shrm.org/Research/ SurveyFindings/Documents/14-0028%20JobSatEngage_Report_FULL_ FNL.pdf.

14. www.coursera.org, www.edcast.com, www.edx.com, www.novoed.com, www.udemy.com.

15. Clark, Dorie, «Reinventing You: Define Your Brand, Imagine Your Future», Harvard Business Review Press, Boston, 9 abril 2013.

16. Topel, Robert H. y Michael P. Ward, «Job Mobility and the Careers of Young Men», *NBER*, La Oficina Nacional de Investigación Económica, julio 1988, www.nber.org/papers/w2649. Véase también, Keng, Cameron, «Employees Who Stay in Companies Longer than Two Years Get Paid 50% Less», Forbes, 22 junio 2014, www.forbes.com/sites/ cameronkeng/2014/06/22/employees-that-stay-in-companies-longer-than-2-years-get-paid-50-less/#3726c14a210e.

17. Schoemaker, Paul J. H., y Robert E. Gunther, *Profiting from Uncertainty: Strategies for Succeeding No Matter What the Future Brings* (Nueva York: Atria Press, 2002).

CAPÍTULO 4

1. Granovetter, Mark S, «The Strength of Weak Ties» *American Journal of Sociology* 78, no. 6. (1973). sociology.stanford.edu/sites/default/files/ publications/the_strength_of_weak_ties_and_exch_w-gans.pdf.

2. Halligan, Brian, Dharmesh Shah, Inbound Marketing: Get Found Using Google, Social Media and Blogs, Wiley, 9 octubre 2009.

3. CB Insights, *The Periodic Table of Venture Capital Blogs*, 10 febrero 2015, www.cbinsights.com/blog/venture-capital-blogs-periodic-table/.

4. Cain, Susan, «An Introvert Steps Out», *The New York Times* Sunday Book Review, 27 abril 2012, www.nytimes.com/2012/ 04/29/books/ review/how-the-author-of-quiet-delivered-a-rousing-speech.html. Véase

también, Cain, Susan, «The Power of Introverts», *TED.com*, www.ted. com/talks/susan_cain_the_power_of_introverts/transcript?language=en.

5. Gaignard, Jayson, «Mastermind Dinners: Build Lifelong Relationships by Connecting Experts, Influencers, and Linchpins», Amazon Digital Services *MastermindTalks.com*, 22 diciembre 2104, Web.

6. Clark, Dorie, *Stand Out: How to Find Your Breakthrough Idea and Build a Following Around It* (Portfolio, 21 abril 2015).

CAPÍTULO 5

1. Rae, Amber. «Why You Should Scrap That Ladder-Climbing Plan and Go Backpacking Around the World, Instead», *Fast Company*, 13 mayo 2013, www.fastcompany.com/3009589/why-you-should-scrap-that-ladder-climbing-plan-and-go-backpacking-around-the-world-instead.

2. Centro para el Control y la Prevención de Enfermedades, «Injury Prevention and Control: Motor Vehicle Safety - Teen Drivers», 14 octubre 2015, www.cdc.gov/motorvehiclesafety/teen_drivers/.

3. MacMillan, Amanda, «Why Your Commute Is Bad For You», CNN, 6 abril 2015. www.cnn.com/2015/04/06/health/commute-bad-for-you/.

4. Krueger, Norris, Jr. y Peter R. Dickson, «How Believing in Ourselves Increases Risk-Taking: Perceived Self-Efficacy and Opportunity Recognition», *Decision Sciences* 25, no. 3 (1994), pp. 385-400, onlinelibrary. wiley.com/doi/10.1111/j.1540-5915.1994.tb00810.x/abstract.

5. Sokol-Hessner, Peter, et al., «Thinking Like a Trader Selectively Reduces Individuals' Loss Aversion», *Proceedings of the National Academy of Sciences* 106, no. 13 (2009), www.pnas.org/content/106/13/5035.full.

CAPÍTULO 6

1. www.habitat.org/getinv/volunteer, ramusa.org/volunteer/, www. appalachiantrail.org/home/volunteer, www.wwoof.net.

2. Kondo, Marie, *The Life-Changing Magic of Tidying Up: The Japanese Art of Decluttering and Organizing* (Berkeley, CA: Ten Speed Press, 2014).

3. Sagmeister, Stefan, «The Power of Time Off», *TED.com*, julio 2009, www.ted.com/talks/stefan_sagmeister_the_power_of_time_off/ transcript?language=en.

4. Slaughter, Anne-Marie, «Why Women Still Can't Have It All», *The Atlantic*, julio-agosto 2012, www.theatlantic.com/magazine/ archive/2012/07/why-women-still-cant-have-it-all/309020/.

5. Bryson, Bill, *A Walk in the Woods: Rediscovering America on the Appalachian Trail* (Nueva York: Anchor Books). Véase también, Strayed, Cheryl, *Wild: From Lost to Found on the Pacific Crest Trail* (Nueva York: Vintage Books, 2013).

6. Kane, Colleen, «These 21 Companies Will Pay You to Take Time Off», *Fortune*, 16 marzo 2015, fortune.com/2015/03/16/paid-sabbaticals/.

7. Tugend, Alina, «Take a Vacation, for Your Health's Sake», *The New York Times*, 8 junio 2008, www.nytimes.com/2008/06/08/business/ worldbusiness/08iht-07shortcuts.13547623.html?pagewanted=all&_ r=1.

8. Pinsker, Joe, «41 Percent of American Workers Let Paid Vacation Days Go to Waste», *The Atlantic*, 22 agosto 2014, www.theatlantic.com/ business/archive/2014/08/41-percent-of-american-workers-let-their- paid-vacation-go-to-waste/378950/.

9. U.S. Travel Association, «Overwhelmed America: Why Don't We Use Our Earned Leave?», julio 2014. www.projecttimeoff.com/sites/default/ files/PTO_OverwhelmedAmerica_Report.pdf.

10. Nielsen, «The Total Audience Report, Q4 2015», www.nielsen.com/ content/dam/corporate/us/en/reports-downloads/2016-reports/q4-2015- total-audience-report.pdf.

11. Robinson, Joe, «The Secret to Increased Productivity: Taking Time Off», *Entrepreneur*, 24 septiembre 2014, www.entrepreneur.com/article/237446.

12. Sahadi, Jeanne, «These People Took Months Off . . . And It Paid Off Big Time», *CNN Money*, 12 septiembre 2014, money.cnn.com/2014/09/12/ pf/time-off-sabbaticals/.

13. Chen, Winston, «Leave Work for a Year to Go Live on a Remote Island? How a TED Talk Inspired Me to Take a Mid-Career Sabbatical», *TED Blog*, 8 julio 2014, blog.ted.com/how-a-ted-talk-inspired-me-to-take-a- mid-career-sabbatical/.

14. Merchant, Nilofer, «In Between Space», 24 de julio de 2014, nilofermerchant.com/2014/07/24/in-between-space/.

CAPÍTULO 7

1. Sociedad para la Administración de Recursos Humanos, «SHRM Survey Findings 2014: Workplace Flexibility: Overview of Flexible Work Arrangements», 15 octubre 2014, www.shrm.org/research/surveyfindings/ articles/pages/2014-workplace-flexibility-survey.aspx.

2. Twaronite, Karyn, «Global Generations: A Global Study on Work-Life Challenges Across Generations», *Ernst & Young*, www.ey.com/Publication/vwLUAssets/EY-global-generations/$FILE/EY-global-generations-a-global-study-on-work-life-challenges-across-generations.pdf.

3. Vanderkam, Laura, *168 Hours: You Have More Time Than You Think* (Londres: Penguin, 2011).

4. Oficina de Estadísticas Laborales, Encuesta sobre el uso del tiempo por parte de los estadounidenses, 2014, www.bls.gov/tus/charts/leisure.htm.

5. Kreider, Tim, «The "Busy" Trap» *The New York Times*, 30 junio 2012, opinionator.blogs.nytimes.com/2012/06/30/the-busy-trap/?_r=0.

6. Sibonney, Clair, «Arianna Huffington on the Third Metric: You Can Complete a Project by Dropping It», *The Huffington Post*, 11 septiembre 2013, www.huffingtonpost.ca/2013/09/11/arianna-huffington-third-metric_n_3901302.html.

7. Graham, Paul, «Maker's Schedule, Manager's Schedule», *Paul Graham*, julio 2009, www.paulgraham.com/makersschedule.html.

8. Morill, Danielle, «Warming Up to the Manager's Schedule», 23 marzo 2015, medium.com/@DanielleMorrill/warming-up-to-the-manager-s-schedule-e3ec18c7408e#.gxwnuexbp. El calendario de Danielle se reproduce con su permiso.

9. Seligman, Martin E.P., «Building Resilience», *Harvard Business Review*, abril 2011, hbr.org/2011/04/building-resilience.

10. Bilger, Burkhard, «The Possibilian» *The New Yorker*, 25 abril 2011, www.newyorker.com/magazine/2011/04/25/the-possibilian.

11. Chen, Serena y Alice Moon, «The Power to Control Time: Power Influences How Much Time (You Think) You Have», *Journal of Experimental Social Psychology*, 29 abril 2014, www.psychologicalscience.org/index.php/news/minds-business/powerful-people-think-they-can-control-time.html.

12. Mogilner, Cassie, «You'll Feel Less Rushed If You Give Time Away», *Harvard Business Review*, septiembre 2012, hbr.org/2012/09/youll-feel-less-rushed-if-you-give-time-away.

CAPÍTULO 8

1. Departmento de Trabajo de Estados Unidos, Oficina de Estadísticas Laborales, Gastos de Consumo—2014, 3 septiembre 2015, www.bls.gov/news.release/pdf/cesan.pdf.

2. Rosenberg, Joseph, «Measuring Income for Distributional Analysis», Tax Policy Center, Urban Institute & Brookings Institution, 25 julio 2013, www.taxpolicycenter.org/publications/measuring-income-distributional-analysis/full.

3. Princeton Survey Research Associates International, «Financial Planning Profiles of American Households: The 2013 Household Financial Planning Survey and Index», *CFP Board of Standards, Inc.*, 18 septiembre 2013, www.cfp.net/docs/public-policy2013- fin-planning-profiles-of-amer-households.pdf.

4. CFP Board, «New Research Shows Most American Households Do Financial Planning, but the Extent of This Planning Varies Greatly», 18 septiembre 2013, www.cfp.net/news-events/latest-news/2013/09/18/new-research-shows-most-american-households-do-financial-planning-but-the-extent-of-this-planning-varies-greatly.

CAPÍTULO 9

1. Gupta, Prerna, «Airbnb Lifestyle: The Rise of the Hipster Nomad», *Tech Crunch*, 3 octubre 2104, techcrunch.com/2014/10/03/airbnb-lifestyle-the-rise-of-the-hipster-nomad/.

2. Banco de la Reserva Federal de Nueva York, «Quarterly Report on Household Debt and Credit», febrero 2016, www.newyorkfed.org/medialibrary/interactives/householdcredit/data/pdf/HHDC_2015Q4.pdf.

3. Wolff, Edward N., «Household Wealth Trends in the United States, 1962-2013: What Happened over the Great Recession?», *NBER*, La Oficina Nacional de Investigación Económica, diciembre 2014, www.nber.org/papers/w20733.

4. Centro de Investigaciones Pew, «The American Middle Class Is Losing Ground: No Longer the Majority and Falling Behind Financially», Washington, D.C., diciembre 2015, www.pewsocialtrends.org/files/2015/12/2015-12-09_middle-class_FINAL-report.pdf.

5. El economista de Yale, Robert Shiller, analizó los precios de las viviendas y concluyó que «entre 1890 y 1990, los precios reales de las casas alterados por la inflación prácticamente no cambiaron», www.cnbc.com/2014/12/08/where-to-put-your-cash-a-house-or-a-stock.html y www.usatoday.com/story/money/personalfinance/2014/05/10/why-your-home-is-not-a-good-investment/8900911/. Los datos de Shiller sobre el mercado inmobiliario se encuentran en www.econ.yale.edu/~shiller/data.

htm. Véase también, Robert Shiller, «Buying a House Is a "Consumption Choice", Not an Investment», theweek.com/speedreads/563510/economist-robert-shiller-buying-house-consumption-choice-not-investment.

6. Wolff, Edward N., «Household Wealth Trends in the United States, 1962-2013: What Happened over the Great Recession?», *NBER*, The National Bureau of Economic Research, diciembre 2014, www.nber.org/papers/w20733.

7. Centro de Políticas Tributarias Urban-Brookings, «Statistics: Type of Deduction 1999-2013», 15 diciembre 2015, www.taxpolicycenter.org/statistics/type-deduction.

8. Toder, Eric J., «Options to Reform the Home Mortgage Interest Deduction» *Tax Policy Center,* Centro de Políticas Tributarias Urban-Brookings, 25 abril 2013, www.taxpolicycenter.org/publications/options-reform-deduction-home-mortgage-interest-0/full. Véase también el Testimonio ante el Comité de Medios y Arbitrios, Cámara de Representantes de Estados Unidos, Audiencia sobre Reforma Tributaria y Bienes Raíces, 25 abril 2013, waysandmeans.house.gov/UploadedFiles/Toder_Testimony_42513_fc.pdf.

9. Banco de la Reserva Federal de St. Louis, Investigación económica, diciembre 2015, research.stlouisfed.org/fred2/series/MSPNHSUS.

10. El Centro Conjunto para Estudios de la Vivienda, «America's Rental Housing: Expanding Options for Diverse and Growing Demand», 9 diciembre 2015, jchs.harvard.edu/americas-rental-housing.

11. Alquile vs. compre una casa: www.nytimes.com/interactive/2014/upshot/buy-rent-calculator.html, www.zillow.com/rent-vs-buy-calculator/. Véase también, Alquile vs. compre un auto: www.zipcar.com/is-it#savingsversusownership.

12. Roberts, David, «Our Year of Living Airbnb», *The New York Times*, 25 noviembre 2015. www.nytimes.com/2015/11/29/realestate/our-year-of-living-airbnb.html.

13. Centro de Investigaciones Pew, febrero 2014, «The Rising Cost of Not Going to College», www.pewsocialtrends.org/files/2014/02/SDT-higher-ed-FINAL-02-11-2014.pdf. Véase también, Hershbein, Brad y Melissa Kearney, «Major Decisions: What Graduates Earn over Their Lifetimes», *The Hamilton Project*, 29 septiembre 2104, www.hamiltonproject.org/assets/legacy/files/downloads_and_links/Major_Decisions_Lifetime_Earnings_by_Major.pdf. Véase también, Departmento de Educación de

Estados Unidos, Instituto de Ciencias de la Educación, Centro Nacional de Estadísticas de la Educación, «Annual Earnings of Young Adults», 2015, nces.ed.gov/fastfacts/display.asp?id=77.

14. Davis, Alyssa, Will Kimball, Elise Gould, «The Class of 2015: Despite an Improving Economy, Young Grads Still Face an Uphill Climb», Instituto de Política Económica, papel informativo #401, 27 mayo 2015, www.epi. org/files/2015/the-class-of-2015-revised.pdf.

15. Registro Federal, 19 febrero 2003, Vol. 68, No. 33, pp. 8141-8152, www2. ed.gov/legislation/FedRegister/finrule/2003-1/021903a.html.

16. Iuliano, Jason, «An Empirical Assessment of Student Loan Discharges and the Undue Hardship Standard», *American Bankruptcy Law Journal* 86 (25 septiembre 2012), pp. 495-526, papers.ssrn.com/sol3/papers. cfm?abstract_id=189444517.

17. nomoreharvarddebt.com.

18. Bernard, Tara Siegel, «Medical, Dental, 401(k)? Now Add School Loan Aid to Job Benefits», *New York Times*, 25 marzo 2016, www.nytimes. com/2016/03/26/your-money/medical-dental-401-k-now-add-school-loan-aid-to-job-benefits.tml?_r=1.

19. Ernst & Young, «EY Transforms Its Recruitment Selection Process for Graduates, Undergraduates and School Leavers», 3 agosto 2015, www. ey.com/UK/en/Newsroom/News-releases/ 15-08-03—EY-transforms-its-recruitment-selection-process-for-graduates-undergraduates-and-school-leavers.

CAPÍTULO 10

1. Los Fideicomisos Caritativos de Pew, «The State Pensions Funding Gap: Challenges Persist», 14 julio 2015, www.pewtrusts.org/en/research-and-analysis/issue-briefs/2015/07/the-state-pensions-funding-gap-challenges-persist.

2. Servicio de Impuestos Internos, «Retirement Plans for Self-Employed People», 17 diciembre 2015. www.irs.gov/retirement-plans/retirement-plans-for-self-employed-people.

3. Utilicé los calculadores en línea Vanguard y Fidelity para estimar las cantidades de contribución para un ejemplo simple. Las cantidades exactas dependerían de factores específicos, por lo que para estimar sus propios importes de contribución, hable con un contador o planificador

financiero, personal.vanguard.com/us/SbsCalculatorController?FW_
Event=chgBusType&NavStep=1scs.fidelity.com/products/mobile/
sepMobile.shtm.

4. Plan Sponsor Council of America, «PSCA's 57th Annual Survey Validates
the Success of the Defined Contribution System», 3 diciembre 2014,
www.psca.org/psca-s-57th-annual-survey-validates-the-success-of-the-
defined-contribution-system.

5. Servicio de Impuestos Internos, «Retirement Topics—IRA Contribution
Limits», www.irs.gov/Retirement-Plans/Plan-Participant,-Employee/
Retirement-Topics-IRA-Contribution-Limits.

6. Garon, Sheldon, *Beyond Our Means: Why America Spends While the World
Saves*: (Princeton, NJ: Princeton University Press, 2013).

7. Schrager, Allison, «American Is Full of High-Earning Poor People»,
Quartz, 3 noviembre 2015, qz.com/520414/the-high-earning-poor/.

8. Employee Benefit Research Institute and Greenwald & Associates,
Encuesta sobre la confianza en la Jubilación, «2016 RCS Fact Sheet #3:
Preparing for Retirement in America», www.ebri.org/files/RCS15.FS-3.
Preps2.pdf.

9. «Wells Fargo Retirement Study: A Few Years Makes a Big Difference»,
22 octubre 2105. www.wellsfargo.com/about/press/2015/few-years-
difference_1022/.

10. Health View Insights, «Health View Services: 2015 Retirement Health
Care Costs Data Report», 2015, www.hvsfinancial.com/PublicFiles/
Data_Release.pdf.

11. Rhee, Nari, y Ilana Boivie, «The Continuing Retirement Savings Crisis»,
National Institute on Retirement Security, marzo 2015, laborcenter.
berkeley.edu/pdf/2015/RetirementSavingsCrisis.pdf. Véase también
Harrison, David, «The Biggest Reason Workers Don't Save for
Retirement». *Wall Street Journal*, 29 septiembre 2015, blogs.wsj.com/
economics/2015/09/29/the-biggest-reason-workers-dont-save-for-
retirement/.

12. American Benefits Institute and WorldatWork, «Trends in 401(k) Plans
and Retirement Rewards», marzo 2013, www.americanbenefitscouncil.
org/pub/e613e2a9-cb3b-b159-6cff-6931bd1953a6. Véase también,
Butrica, Barbara y Nadia Karamcheva, «Automatic Enrollment,
Employer Match Rates, and Employee Compensation in 401(k) Plans»,

Monthly Labor Review, mayo 2015, www.bls.gov/opub/mlr/2015/article/automatic-enrollment-employer-match-rates-and-employee-compensation-in-401k-plans.htm.

13. Vanguard, «How America Saves 2014: A Report on Vanguard 2013 Defined Contribution Plan Results», junio de 2014, pressroom.vanguard.com/content/nonindexed/How_America_Saves_2014.pdf.

14. Munnell, Alice, Annika Sunden y Catherine Taylor, «What Determines 401(k) Participation and Contributions?», Oficina de la Política de Seguridad Social, *Social Security Bulletin* 64, no. 3 (2001/2002), www.ssa.gov/policy/docs/ssb/v64n3/v64n3p64.html.

15. Goda, Gopi Shah, et al., «The Role of Time Preferences and Exponential-Growth Bias in Retirement Savings», 17 Reunión Anual Conjunta del Consorcio de Investigación para la Jubilación, Washington, D.C., 6-7 agosto 2015, www.nber.org/programs/ag/rrc/rrc2015/papers/7.1%20%20Goda,%20Levy,%20Manchester,%20Sojourner,%20Tasoff.pdf.

16. Junta de Estándares del Planificador Financiero Certificado y Federación de Consumidores de América, «Financial Planning Profiles of American Households: The 2013 Household Financial Planning Survey and Index», 18 septiembre 2013, www.cfp.net/docs/public- policy/2013-fin-planning-profiles-of-amer-households.pdf.

17. Centro de Investigaciones Pew, «The American Middle Class Is Losing Ground» 9 diciembre 2015, www.pewsocialtrends.org/files/2015/12/2015-12-09_middle-class_FINAL-report.pdf.

18. Accenture, «The "Greater" Wealth Transfer: Capitalizing on the Intergenerational Shift in Wealth», 2015, www.accenture.com/us-en/~/media/Accenture/Conversion-Assets/DotCom/Documents/Global/PDF/Industries_5/Accenture-CM-AWAMS-Wealth-Transfer-Final-June2012-Web-Version.pdf.

19. Ibíd., «The "Greater" Wealth Transfer», *Accenture*, 2015, www.accenture.com/us-en/~/media/Accenture/Conversion-Assets/Dot Com/Documents/Global/PDF/Industries_5/Accenture-CM-AWAMS-Wealth-Transfer-Final-June2012-Web-Version.pdf.

20. Helman, Ruth, Craig Copeland y Jack VanDerhei, «The 2016 Retirement Confidence Survey: Worker Confidence Stable, Retiree Confidence Continues to Increase», Instituto de Investigación de Beneficios a los Empleados, abril 2016, www.ebri.org/files/RCS_16.FS-2_Expects1.pdf.

21. Wells Fargo, «Wells Fargo Retirement Study: A Few Years Makes a Big Difference», 22 octubre 2015, www08.wellsfargomedia.com/assets/pdf/commercial/retirement-employee-benefits/perspectives/2015-retirement-study.pdf.

22. Instituto de Investigación de Beneficios para Empleados y Greenwald & Asociados, Encuesta sobre la confianza en la jubilación, «2016 RCS Fact Sheet #2: Expectations about Retirement in America», www.ebri.org/files/RCS_16.FS-2_Expects1.pdf.

23. Wells Fargo, «Wells Fargo Retirement Study: A Few Years Makes a Big Difference» 22 octubre 2015, www08.wellsfargomedia.com/assets/pdf/commercial/retirement-employee-benefits/perspectives/2015-retirement-study.pdf.

24. The Henry J. Kaiser Family Foundation, «2015 Employer Health Benefits Survey», 22 septiembre 2015, kff.org/report-section/ehbs-2015-section-eleven-retiree-health-benefits/.

25. Al autor Tim Ferriss se le atribuye la introducción del término «mini-retiro» en su libro *The 4-Hour Workweek*.

LA FUTURA ECONOMÍA GIG

1. Comité de salud, educación, trabajo y pensiones del Senado de Estados Unidos, Departamento de Trabajo, «Statement of Seth D. Harris Deputy Secretary U.S. Department of Labor Before the Committee on Health, Education, Labor, and Pensions», 17 junio 2010, www.dol.gov/_sec/media/congress/20100617_Harris.htm.

2. Carre, Francoise, «(In)dependent Contractor Misclassification», Instituto de Política Económica, 8 junio 2015, www.epi.org/publication/independent-contractor-misclassification/.

3. IRS, «Independent Contractor (Self-Employed) or Employee?», www.irs.gov/Businesses/Small-Businesses-&-Self-Employed/Independent-Contractor-Self-Employed-or-Employee.

4. Departamento de Trabajo de Estados Unidos, «Administrator's Interpretation No. 2015-1», 15 julio 2015, www.dol.gov/whd/workers/misclassification/AI-2015_1.htm.

5. www.employmentlawspotlight.com/2014/10/nlrb-adopts-new-test-for-independent-contractor-misclassification-applies-it-to-find-fedex-drivers-are-employees-who-can-unionize/.

6. Christian, Blake E., «IRS Compliance and Enforcement Trends», *Journal of Accountancy*, septiembre 2012, www.journalofaccountancy.com/issues/2012/sep/20125947.html.

7. Centro de Presupuesto y Prioridades Políticas, «Policy Basics: Where Do Federal Tax Revenues Come From?», 4 marzo 2016, www.cbpp.org/research/policy-basics-where-do-federal-tax-revenues-come-from.

8. Hanauer, Nick, y David Rolf, «Shared Security, Shared Growth», *Democracy Journal*, no. 27, verano 2015, democracyjournal.org/magazine/37/shared-security-shared-growth/.

9. Ip, Greg, «As the Gig Economy Changes, So Should the Rules»,WSJ, 9 diciembre 2015, www.wsj.com/articles/as-the-gig-economy-changes-work-so-should-rules-1449683384. Véase también, Weber, Lauren, «What If There Were a New Type of Worker? Dependent Contractor», WSJ, 28 enero 2015, www.wsj.com/articles/what-if-there-were-a-new-type-of-worker-dependent-contractor-1422405831. Véase también, Haigu, Andrei y Rob Biederman, «The Dawning of the Age of Flex Labor», *Harvard Business Review*, 4 septiembre 2015, hbr.org/2015/09/the-age-of-flex-labor-is-here. Véase también, Cruz, Roberto, «A Class of Their Own? Independent Contractors Causing a Conundrum», Workforce, 1 septiembre 2015, www.workforce.com/articles/21560-a-class-of-their-own-independent-contractors-causing-conundrum.

10. Kitces, Michael, «Why Employee Benefits Will Become Irrelevant» *The Wall Street Journal*, 28 abril 2015, blogs.wsj.com/experts/2015/04/28/why-employee-benefits-will-become-irrelevant/.

11. Hanauer, Nick y David Rolf, «Shared Security, Shared Growth», *Democracy Journal*, no. 27, verano 2015, democracyjournal.org/magazine/37/shared-security-shared-growth/.

12. Hill, Steven, «The Future of Work in the Uber Economy», *Boston Review*, 22 julio 2015. bostonreview.net/us/steven-hill-uber-economy-individual-security-accounts.

13. Reich, Robert, «The Upsurge in Uncertain Work», *Robert Reich*, 23 agosto 2015, robertreich.org/post/127426324745.

14. Reich, Robert, «Inequality for All Q&A» (video), www.dailykos.com/story/2014/3/26/1287365/-Robert-Reich-Universal-Basic-Income-In-The-US-Almost-Inevitable.

15. Harford, Tim, «An Economist's Dreams of a Fairer Gig Economy», *Tim Harfor*, 29 diciembre 2015, next.ft.com/content/1280a92e-a405-11e5-873f-68411a84f346Web.

16. Beekman, Daniel, «The Seattle City Council Voted 8-0 Monday Afternoon to Enact Councilmember Mike O'Brien's Ordinance, Giving Taxi, For-Hire and Uber Drivers the Ability to Unionize», 16 diciembre 2015, www.seattletimes.com/seattle-news/politics/unions-for-taxi-uber-drivers-seattle-council-votes-today/.

17. Somerville, Heather y Dan Levine, «US Chamber of Commerce Sues Seattle over Uber, Lyft Ordinance», Reuters, 3 de marzo de 2016, www.reuters.com/article/us-uber-tech-seattle-chamberofcommerce-idUSKCN0W52SD.

18. Gallup, «What Everyone in the World Wants: A Good Job», 9 junio 2015, www.gallup.com/businessjournal/183527/everyone-world-wants-good-job.aspx.

19. Ton, Zeynep, «Why "Good Jobs" are Good for Retailers», *Harvard Business Review*, enero-febrero de 2012, issue.hbr.org/2012/01/why-good-jobs-are-good-for-retailers.

20. Hill, Steven, *How the «Uber Economy» and Runaway Capitalism Are Screwing American Workers* (Nueva York: St. Martin's Press, 2015).

21. Csikszentmihalyi, Mihaly, *Flow: The Psychology of Optimal Experience* (Nueva York: Harper Perennial, 2008).

ÍNDICE

ACERCA DE LA AUTORA

Diane creó y enseña «La economía gig», que fue nombrada por *Forbes* como una de las diez clases más innovadoras de las escuelas de negocios del país. Es profesora adjunta en el programa de MBA en el Babson College y miembro importante de la Fundación Ewing Marion Kauffman.

Diane es una participante activa y entusiasta en la economía gig. Entre trabajos de tiempo completo y actividades de consultoría, ha sido becaria visitante en el Trinity College de Dublín, ejecutiva en residencia en Babson College, y una becaria Eisenhower. Ha escrito y publicado dos libros y extensos informes sobre el capital de riesgo. Su trabajo ha sido presentado en *The Economist, Forbes, Fortune, Harvard Business Review, The New Yorker, The Wall Street Journal*, y en numerosas publicaciones de la industria. Diane ha publicado varios artículos y comentarios, ha pasado dos años viajando por el mundo, y ha vivido en cinco ciudades.

Cuando no está trabajando, le encanta leer (sobre todo no ficción), escribir (únicamente no ficción), la comida (comer y cocinar), el vino, el yoga y correr. Diane obtuvo su título y licenciatura en la Universidad de Harvard, y es ciudadana de los Estados Unidos e Irlanda.

Visítela en
www.dianemulcahy.com
y sígala en
Twitter @dianemulcahy